아빠, 한국사여행 떠나요!

주말에 떠나는 한국사 여행 시리즈 3

아빠, 한국사 여행 떠나요!

이기범 쓰고 ✸ 나인완 그리다

48주간의 생생한 한국사 대탐험

3
• 고려시대 •

코알라스토어

들어가며

"아휴, 시시해!"

선생님이 가르치는 한국사 탐험단에는 투덜이가 있어요. 투덜이는 역사를 공부할 때마다 툴툴댑니다. 먼 옛날 이야기는 배워서 뭐 하냐는 거죠.

구석기 시대 돌도끼에 대해 설명해 주면, 선생님은 돌도끼로 사냥해 봤느냐면서 그런 돌로 어떻게 토끼를 잡냐고, 말이 안 된다고 합니다.

또 한 번은 단군신화를 읽다가 가슴을 치면서 이렇게 말했죠.

"뭐 이런 이야기가 역사예요. 완전 사기잖아요!"

타임머신을 타고 단군신화 속 세상으로 간다면 호랑이한테 일러 줄 거랍니다. 환웅이 100일 만에 사람이 되게 해 준다고 해 놓고서는, 호랑이가 뛰쳐나가자 21일 만에 곰을 사람으로 만들어 줬다고요. 그리고는 거짓말을 한 환웅을 벌주고 말겠다고 단단히 벼릅니다.

선생님도 어릴 때 사실은 투덜이랑 비슷했어요. 역사는 어렵고 따분하기만 한 과목이었죠.

그런데 한 번은 고구려 사람들이 그린 상상의 동물 주작 그림을 본 적이 있어요. 금세 홀딱 반해 버렸죠. 주작을 타고 고구려의 하늘을 훨훨 나는 상상을 하며 한참 즐거운 시간을 보내곤 했었답니다.

친구들도 이런 생각 해 본 적 있죠? 진짜 그런 일이 벌어진다면 정말 신날 것 같지 않아요?

또 선생님은 조선시대의 역사를 책으로 공부하기보다는 조선시대의 장터를 직접 구경해 보고 싶어요. 그게 훨씬 재미있을 것 같죠? 그리고 꼭 해 보고 싶은 게 있어요. 백성들을 괴롭히는 못된 탐관오리한테 똥침을 놔 주고 오는 것! 상상만 해도 신나지 않나요?

그런데 그런 일이 벌어지고 말았어요! 상상이 진짜로 펼쳐졌다니까요? 바로 이 책에서 말이죠.

선생님과 한국사 탐험단은 여러분과 역사 속으로 시간여행을 떠날 거예요.

우리 탐험단은 시시하고 지루한 역사는 딱 질색이에요. 생생하고, 신나고, 재미있어야 해요. 그렇지 않으면 투덜이가 얼마나 툴툴대는지 견딜 수가 없거든요. 여러분도 그렇다구요? 선생님도 그래요.

그럼 우리 이제부터 신나는 한국사 시간여행을 떠나 볼까요?

친구들과의 한국사 여행을 기다리는 선생님들이.

차 례

들어가며 004
등장인물 008
프롤로그 010

열일곱 번째 여행

한반도 새로운 주인이 된 고려

신라를 위협한 후백제의 견훤 014
버려진 왕자 궁예가 세운 후고구려 018
후삼국 최후의 주인공이 된 왕건 021
고려의 도읍지는 개경 025
태조 왕건의 열 가지 유언 029
우리 역사상 첫 번째 과거시험 032
성종과 최승로 035

후삼국의 주역 인터뷰하고 훈요십조 만들기 038
한눈에 정리하기 039
후삼국 시대로 시간여행을 떠난다면? 040

열여덟 번째 여행

국제무역항 벽란도에서 탄생한 KOREA

국제무역항 벽란도 044
외국 사신들이 머무는 벽란정 047
자부심 가득한 송나라 사신 050
불편한 거란과의 관계 053
세력을 넓히려는 여진 056
아라비아 사신과 코리아 059
화려한 국제 거리 벽란도 062

고려vs북방민족과의 전쟁지도와 연표 만들기 065
한눈에 정리하기 067
고려 전기 시대로 시간여행을 떠난다면? 068

열아홉 번째 여행

고려 제일의 축제 팔관회와 연등회

개경으로 가는 길에 만난 담진 국사 072
불교국가 고려 075
흥왕사의 대연등회 078
위대한 고려대장경 081
흥왕사에서 보낸 하룻밤 084
개경에 들어가다 087
고려 최대의 축제 팔관회 090

고려 축제 홍보 포스터 만들기 094
한눈에 정리하기 095
고려 불교문화의 현장으로 시간여행을 떠난다면? 096

스무 번째 여행

천하제일 비색 청자

간송 미술관 고려청자 특별전 100
강진청자박물관으로 떠난 아이들 103
청자를 만드는 일은 정말 어렵고 힘들어 106
천하제일 비색 청자의 탄생 110
학이 구름 사이 푸른 하늘을 나는
청자상감운학문매병 112
귀족이 사용한 다양한 청자 114
고려청자를 가득 실은 보물선 117

청자 연표 만들기 120
한눈에 정리하기 121
고려 청자를 보러 시간여행을 떠난다면? 122

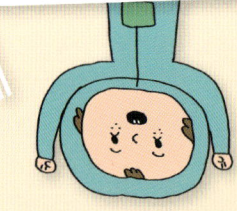

스물한 번째 여행

백년 무신정권

고려 역사 퀴즈	126
문벌귀족의 세상	129
무신의 화가 폭발하다, 무신정변	132
노비에서 최고 권력자가 된 이의민	135
최 씨 무신정권의 탄생	137
사람답게 살고 싶다, 백성의 저항	140
세계 최강 몽골과 만나다	143
무신정권 100년 만화일기 쓰기	146
한눈에 정리하기	147
무신정권 시기로 시간여행을 떠난다면?	148

스물두 번째 여행

팔만대장경에 새겨진 나라사랑

강화도 천도	152
불타는 고려의 국토	155
부처님의 힘을 빌려 나라를 지키자!	157
팔만대장경을 만든 사람들	159
일연스님의 삼국유사	162
고려인의 생활	165
고려의 천재 문인 삼혹호 이규보	167
팔만대장경 만들기	170
한눈에 정리하기	171
대몽항쟁의 시기로 시간여행을 떠난다면?	172

스물세 번째 여행

공민왕이 못다 이룬 꿈

개경으로 돌아 간 고려의 왕	176
간섭하는 몽골에 빼앗긴 땅	178
원나라로 끌려 간 사람들	182
몽골풍과 고려양	184
공민왕의 개혁, 첫 번째	187
공민왕의 개혁, 두 번째	189
사랑하는 노국공주의 죽음	191
공민왕의 개혁정치	194
한눈에 정리하기	195
고려 말 역사의 현장을 찾아 시간여행을 떠난다면?	196

스물네 번째 여행

새로운 고려를 준비하는 사람들

한탐 선생님의 선물	200
왜구를 물리쳐라	202
새로운 세상을 꿈꾸는 정도전	204
바람에 날린 정몽주의 장례 깃발	206
빗속에 군대를 돌린 이성계	209
이런들 어떠하리, 저런들 어떠하리?	212
인쇄술의 나라 고려	214
'위화도 회군'을 주제로 역사 토론하기	216
한눈에 정리하기	193
고려 멸망과 관련된 현장으로 시간여행을 떠난다면?	218

- 나오며 220
- 한눈에 정리하기 정답 222
- 사진 출처 223

등장인물

사총사와 함께 한국사 탐험을 떠나는 역사 선생님. 시도 때도 없이 과거로 시간여행을 가는 엉뚱한 성격이지만, 한국사를 설명할 때면 세상 누구보다도 진지한 모습이다.

한탐 선생님

"한국사는 정말 머리 아파."

✖✖

역사 공부는 정말 싫다고 외치지만, 한국사 탐험에 절대 빠지는 법이 없다. 운도 없고 되는 일이 없어도 늘 친구들과 함께한다.

투덜이

"문제집 푸는 것보다 돌아다니는 역사 여행이 더 재미있을 것 같아!"

✖✖

장난꾸러기이다. 공부보다는 게임이 좋고 축구가 더 재미있다. 그런데 한국사 탐험에 점점 빠져들어 간다.

장난이

"한국사 탐험! 생각만 해도 기대 돼!"

✖✖

친구들과 책이 세상에서 제일 좋다. 원래부터 역사를 좋아했다. 역사학자가 꿈인데, 역사를 가르치는 선생님도 되고 싶다.

똑똑이

"유적지나 박물관에 가면 재미난 이야기가 많겠지?"

✖✖

장래희망이 작가이다. 그래서 혼자일 때면 여러 가지 상상을 한다. 한국사 탐험을 하면서부터 상상할 거리가 더 많아졌다.

상상이

프롤로그

10살이 된 사총사의 흥미진진 한국사 탐험

우리 사총사는 운이 없는 게 분명해요.

박물관에서 처음 만난 새 역사 탐방 선생님은 정말 수다스러운 분이셨어요. 탁자에 옛날 핸드폰부터 최근 스마트폰까지 늘어놓고, 하나씩 잘잘잘~ 설명해 주셨어요. 그냥 다 같은 핸드폰인데 말이에요.

역사란, 시간의 흐름과 마주한 한 편의 재미있는 이야기래요.

그리고 핸드폰의 연표를 만들라고 하셨어요.

우리는 새로운 한탐 선생님과 함께 할 역사 탐방이 살짝 기대되었어요. 선생님은 다음 역사 탐방을 가기 전에 꼭 알아 두어야 할 게 있다며, 어린이박물관 안에 있는 도서관에서 "금속활자, 팔만대장경, 상감청자, 벽란도" 이 네 가지 뜻을 조사한 뒤 집에 가도 좋다고 말씀하셨어요.

금속활자

금속으로 만든 활자를 조합하여 책을 찍어 낸다.

―

고려는 서양보다 150여 년 앞서 금속활자를 만들었는데, 가장 오래된 금속활자본은 고려의 〈직지심체요절〉이다.

팔만대장경

몽골이 고려를 침입했을 때, 나라를 구하고자 만들었다.

왜 창이나 칼을 들고 싸우지 않고, 불경을 만들었을까? 부처님의 능력이 진짜 좋았나 보다.

상감청자

중국에서 청자 만드는 기술을 배웠지만, 아름다운 청자의 푸른 빛은 고려가 최고였다.

―

특히 상감청자는 다른 나라에서 찾아볼 수 없는 고려만의 도자기기술이다.

벽란도

고려의 국제무역항이다. 이곳으로 여러 나라 상인이 왔다.

―

아리비아 상인 덕분에 고려는 '코리아'로 세계에 알려졌다. 아~ 그래서 Korea구나!

벌써 고려라니… 알아야 할 게 많아지는군.

오~ 필승 코리아!!!
아니 역사 탐방을 하다가
갑자기 응원구호라니!
후후. 눈치 빠른 친구는
이미 알겠지만 3권은
바로 고려시대 이야기예요.
우린 첫 번째로
고려가 탄생한 이야기를
찾아 떠날 거예요.

17 열일곱 번째 여행

한반도 새로운 주인이 된 고려

와~ 북한으로 역사여행을 가나봐.

후삼국 시대

한국사 탐험을 떠나기 전 미리 생각해 올 것!

고려시대는 우리 역사상 가장 화려한 문화가 꽃 핀 시대에요. 우리를 놀라게 할 문화유산이 정말 많아요. 어떤 것들이 있는지 찾아보세요.

준비물

북한 군인을 만나도 놀라지 않는 마음가짐, 망원경, 여권, 필기구, 수첩

연표

- 900년 견훤, 후백제 건국
- 901년 궁예, 후고구려 건국
- 918년 태조 왕건, 고려 건국
- 936년 고려의 후삼국 통일
- 949년 광종 즉위

북한에 가려면 여권이 필요하지 않나요?

북한은 우리나라 아니야?

신라를 위협한 후백제의 견훤

얼마나 잤는지 모르겠어요. 처음 만난 선생님과 신나게 한 시간 떠들다가 깜빡 잠들었는데 웬 무덤 앞에 차를 대고는 선생님이 우릴 깨웠어요.

"우리가 처음 갈 곳에 대해 미리 알아보라고 했지요? 여긴 어딜까요? 누구의 무덤일까요?"

우리에게 너무 쉬운 질문이라고요. 충청도 논산에 있는 견훤 왕의 무덤이잖아요.

선생님은 눈을 찡긋하며 미소 지으셨어요. 사실 무서운 사람이면 어쩌나 아까 우리끼리 걱정했는데 완전 말 많은 수다쟁이 선생님이었어요. 그래서 생각보다는 한국사 여행이 재미있을 거라는 생각이 들었어요.

우리는 선생님을 따라 견훤왕의 무덤 앞까지 가봤어요. 꽤 크고 잘 만들어져 있었어요. 견훤은 농민의 아들로 태어났지만 장군이 되어 나라를 위해 일하고 싶었나 봐요. 하지만 신라는 골품제 때문에 아무리 능력이 뛰어나도 태어난 신분에 맞춰 살아야 했죠. 결국 견

훤은 완산주(전주)에서 자신을 따르는 사람들을 이끌고 새로운 나라를 열었어요. 바로 후백제였어요. 후삼국 시대의 문을 연 첫 번째 영웅이었던 거죠.

선생님의 설명을 듣다 보니 견훤 왕에게 호기심이 생겼어요. 그런데 뒤이은 견훤 탄생에 얽힌 비밀스러운 이야기에 우리는 모두 표정이 일그러졌어요.

한탐 선생님이 들려주는 견훤의 탄생설화

"광주 북쪽 마을에 사는 한 부자에게 딸이 있었어.
그런데 어느 날부터 자주색 옷을 입은 남자가
나타나 함께 밤을 보내고 새벽이 되면 사라졌지.
며칠 후 딸은 아버지에게 이 사실을 계속
숨길 수 없어 결국 털어놓았어.
부자는 곰곰이 생각을 하다가 다시 남자가 찾아오면
옷에 몰래 실을 매단 바늘을 꿰어 두라고 했어.
딸은 아버지가 시키는 대로 했고
남자가 사라진 다음 날 부자는 딸과 함께 실을 따라갔지.
그런데 놀랍게도 북쪽 담장 밑에 있는
거대한 지렁이 허리에 바늘이 꿰어 있었던 거야.
그로부터 얼마 지나지 않아 부자의 딸은
아이를 가졌는데 그 아이가 바로 견훤이었어."

"자, 이제 후삼국 시대의 두 번째 영웅을 만나러 가볼까요?"

선생님은 길안내기에 '철원 궁예도성'이라고 입력하셨어요.

지도를 펼쳐 본 우리는 깜짝 놀랐어요. 궁예도성이 휴전선 안에 있었거든요.

어떻게 휴전선 안으로 들어간다는 건지. 두 눈 뜨고 지켜보려 했는데 가는 길이 너무 졸려요. 이번에도 눈 뜨면 도착해 있겠죠?

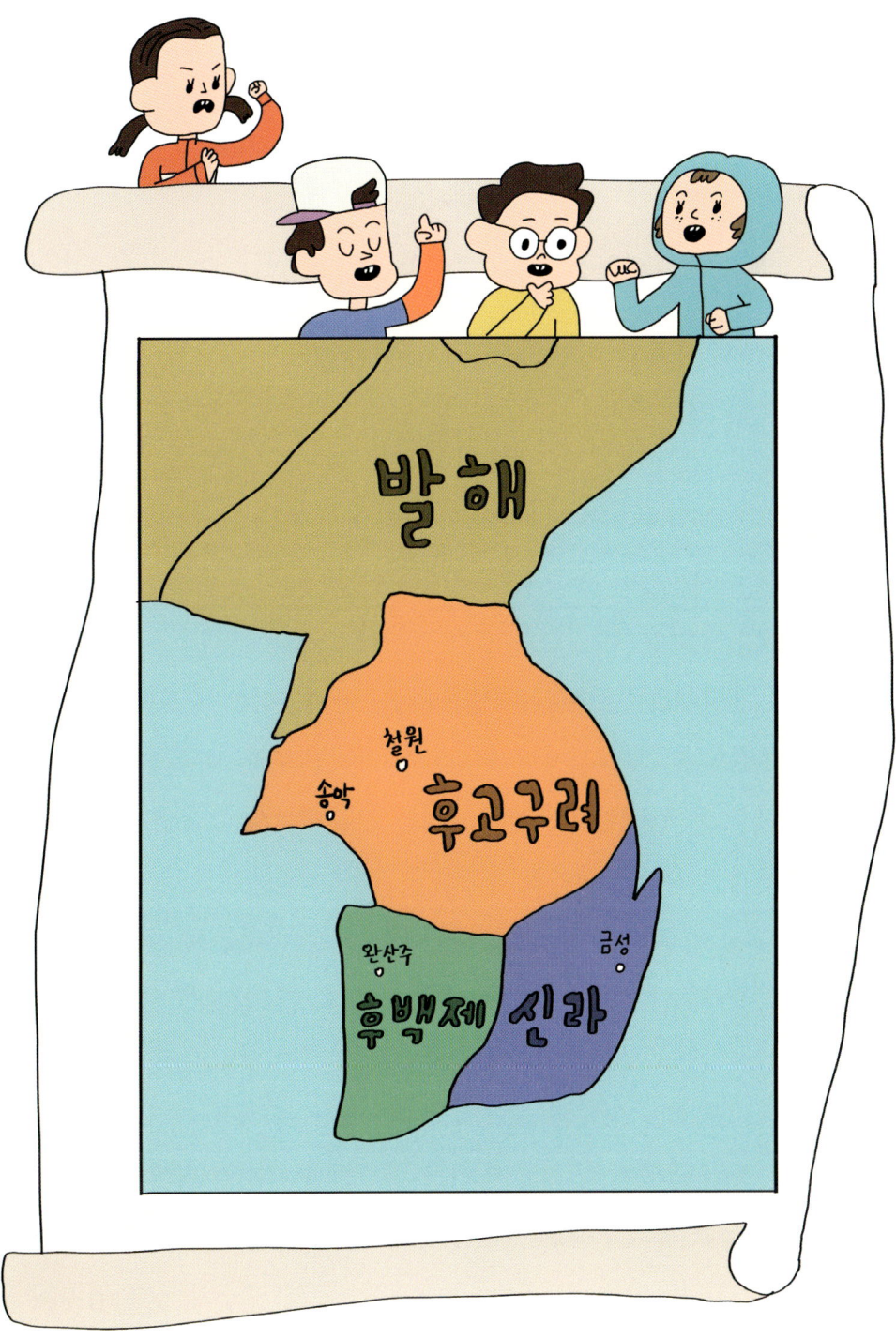

버려진 왕자
궁예가 세운 후고구려

잠에서 깨면 멋진 궁궐이 나타날 줄 알았는데 여기가 어디죠?

커다란 저수지와 전망대만 보이는 곳이에요. 바람은 쌩쌩 불고 군인 아저씨들이 왔다 갔다 해요. 선생님은 이곳이 두 번째 탐방지, 궁예도성을 볼 수 있는 유일한 곳이라 하셨어요.

철원 평화 전망대에서 바라보는 궁예도성은 정말 신기했어요. 비무장지대 안에 있어서 아무도 갈 수 없대요. 사람 한 명 살지 않는 이 넓은 철원평야가 후고구려의 도읍지였다는 선생님의 설명이 도무지 믿기지가 않아요.

"궁예는 신라 왕실의 왕위 다툼 속에 버려진 왕자였어요. 왕자로 살아야 할 궁예는 자신의 신분을 모른 채 살다가 열 살이 되던 해 세달사에서 머리를 깎고 어린 스님이 되어 살았지요.

커서 절을 떠나게 되었고 강원도에서 큰 힘을 가진 기훤과 양길의 부하가 되었어요. 그런데 다른 장군들과는 달리 병사들과 먹고 자는 것을 함께 하다 보니 점점 따르는 자들이 많아졌지요. 결국 기훤, 양길보다 더 많은 부하를 이끌게 되었고 옛 고구려 땅을 차지해 후고

구려라는 나라를 세웠어요. 궁예는 부하와 백성을 아끼는 마음이 깊어 살아 있는 부처님이라고도 불렀답니다."

송악은 원래 왕건 집안의 땅이었는데 왕건의 아버지가 궁예와 한편이 되면서 송악을 궁예에게 넘겨주었대요. 부유한 송악을 넘겨받은 궁예는 처음엔 정말 기뻐했지만 시간이 지나면서 사람들은 금성(경주) 출신의 궁예 보다는 송악이 고향인 왕건을 더 믿고 따르기 시작했어요. 그래서 궁예는 송악이 점점 싫어졌어요. 새로운 곳으로

한반도 새로운 주인이 된 고려

도읍을 옮기고 싶었답니다. 그곳이 바로 철원이었어요.
　선생님은 송악으로 가보자고 했어요. 그런데 거긴 북한 땅이잖아요? 정말 가도 될까요? 아~ 걱정되네요.

후삼국 최후의
주인공이 된 왕건

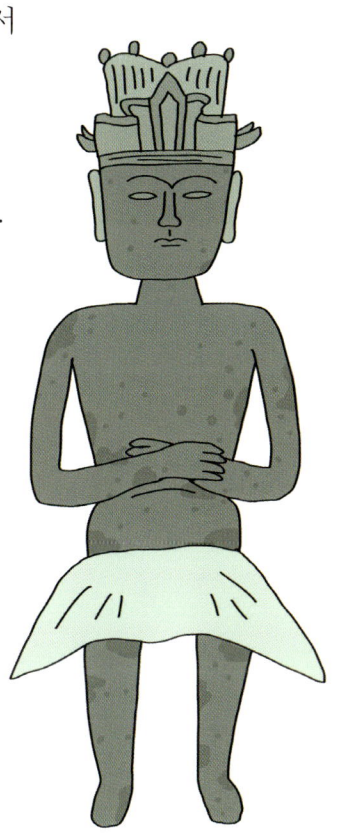

　선생님을 따라 간 곳은 용산의 국립중앙박물관이었어요. 북한에 갈 것처럼 말씀하셔놓고 용산이라니. 우리는 조금 실망했어요. 선생님은 북한에 가는 것이 쉬운 일이냐며 핀잔을 주시면서 기다리면 좋은 일이 있을 것이니 두고 보라고 하셨어요.

　전시실 입구에는 고려시대 사람들을 그린 초상화가 많았어요. 선생님은 그중 하나가 왕건의 모습이라고 하셨어요. 우리는 단번에 왕건의 모습을 찾아냈어요. 다른 것은 모두 그림인데 사진이 한 장 있었거든요. 원래 왕건의 모습은 아무도 몰랐는데 북한에서 왕건릉을 수리하다가 청동상을 발견했대요. 사진 속의 얼굴이 왕건이라고 생각하니 뭔가 특별한 기분이었어요.

　선생님은 왕건의 사진을 앞에 두고 고려가 탄생한 이야기를 들려주셨어요. 선생님의 이야기가 재미있었는지 근처를 지나던 사람들도 하나둘 모여들었는데 금방 서른 명이 넘었어요. 선생님의 제자란 것이 왠지 뿌듯해지는 순간이었어요.

고려를 세운 왕건은 하늘이 도와주는 사람이래요. 이름부터가 특별해요. 할아버지, 아버지와 이름이 같거든요. 서해 용왕이 왕건의 할아버지에게 3대에 걸쳐 이름을 세울 '건(建)'으로 한다면 후손이 왕이 된다고 말해줬대요. 그래서 할아버지는 작제건, 아버지는 용건, 아들은 왕건이 된 것이래요.

서해 용왕의 말처럼 왕건은 궁예를 몰아내고 왕이 되었고 나라 이름을 고려로 바꾸었대요. 그리고 후백제의 왕 견훤과 맞섰지요. 처음에는 목숨을 잃을 뻔한 위기도 있었지만 여러 신하와 호족들의 도움으로 슬기롭게 이겨낸 거예요.

신라의 말을 듣지 않는 지방의 힘 센 자들이 호족이야.

스스로 성주나 장군이라 부르기도 했어.

견훤이나 왕건도 호족이겠군.

그럼 후삼국이 아니라 호족시대라 해야 되는 것 아냐?

그 무렵 북쪽의 발해가 거란에게 멸망했는데 수많은 발해인들이 고려로 들어와 힘을 합치기도 했대요. 후백제와 고려의 싸움을 지켜보던 신라도 왕건에게 나라를 바쳤어요. 천년의 역사를 지녔던 신라의 항복은 고려에게 큰 힘이 되었대요. 행운은 여기서 끝나지 않았어요. 아들에게 왕 자리를 빼앗긴 견훤이 왕건을 찾아온 거예요. 왕건은 기뻐하며 견훤을 큰아버지로 대해 주었대요. 견훤이 빠진 후백제는 고려의 상대가 되지 않았어요. 마지막 후백제와의 싸움을 대승으로 끝내고 왕건은 후

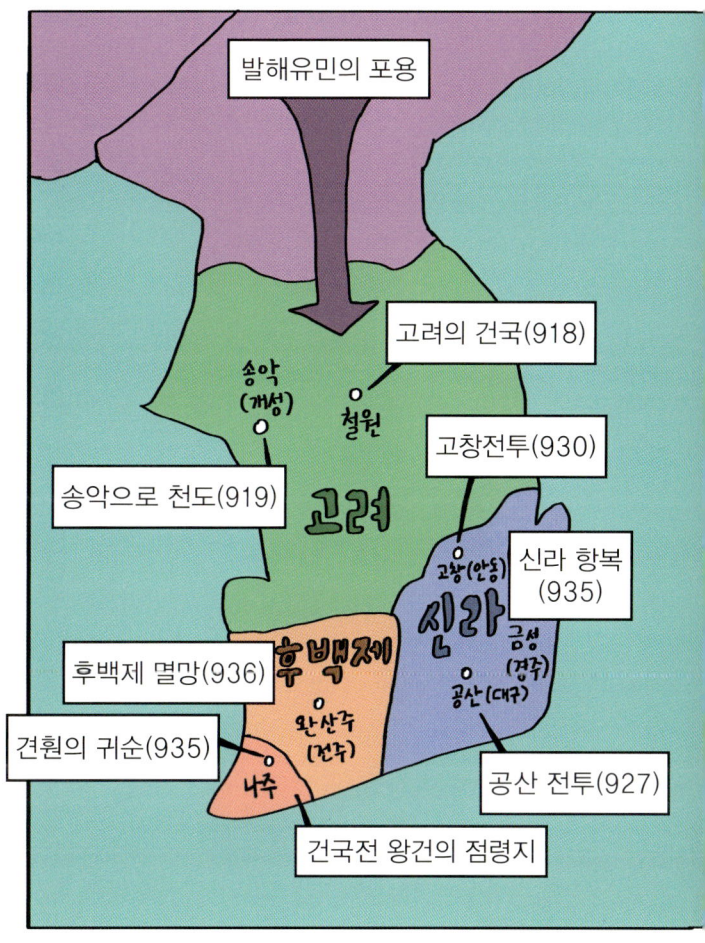

한반도 새로운 주인이 된 고려 23

삼국을 다시 통일하였답니다.

　박물관에서 왕건의 이야기가 계속되는 동안 선생님 가방 속 핸드폰이 계속 울렸어요. 우리는 흥분하기 시작했어요. 벌써 통과 허락이 났을까? 진짜 북한에 가는 거야? 설명을 마친 선생님이 전화를 받고 한참을 얘기하시더니 엄지손가락을 치켜세웠어요. 야호~ 드디어 우리는 북한 개성으로 떠나게 되었어요!!

 ## 고려의 도읍지는 개경

"이 어린 동무래 장난바치(장난꾸러기)구만~ 다른 동무들과 조랍게(사이좋게) 지내라!"

선생님은 자동차 시동을 걸며 말씀하셨어요.

"이번에는 자면 안 돼요~ 여기서 개성까지는 한 시간이면 충분하거든요~"

개성은 아무나 갈 수 있는 곳이 아니지만 특별히 만월대에 계시는 정 박사님의 도움으로 갈 수 있게 되었어요. 그런데 정 박사님은 누굴까요? 북한 사람은 아닐까 괜히 걱정되기도 해요.

대한민국과 북한은 한민족인데, 해외여행 갈 때처럼 도장 찍고 사진을 확인하니 마음이 아팠어요. 사실 북한 사람이 좀 무서웠어요. 장난이가 까불다가 북한 군인 아저씨한테 혼나기도 했어요.

개성시내로 들어서자 와~ 하는 감탄사가 동시에 나왔어요. 높은 건물이 없는 건 아니지만 도시 전체가 기와집으로 되어 있어 또 시간여행을 하는 줄 알았어요. 선생님은 개성도 경주처럼 유네스코 세계문화유산으로 지정된 도시랬어요. 아무렴 고려의 도읍지인데 어련하겠어요.

우리는 정 박사님을 만나러 송악산으로 향했어요. 만월대는 송악산 남쪽 기슭에 있거든요.

"반가워~ 어서들 와라. 몇 달째 만월대에만 있다 보니 사람이 그리웠는데 너희들이 온다는 소식 듣고 오늘만 손꼽아 기다렸지."

정 박사님은 북한 사람이 아니라 우리나라 사람이었어요. 아까 장난이가 북한 군인에게 혼났던 터라 우리는 다행이라 생각했어요. 똑똑이는 만월대가 무엇인지 궁금했나 봐요. 박사님을 만나자마자 만월대가 무엇인지 여쭤보았어요.

"우선 똑똑이 궁금증부터 풀어줘야겠군. 만월대는 고려의 궁궐이 있던 자리야. 고려 말 홍건적의 침입 때 모두 불타 버려 지금은 빈터만 남았단다. 북한도 만월대가 중요하다는 것은 알지만 거대한 궁궐터를 발굴하고 복원하려면 기술이 필요하고 돈도 많이 들거든. 그래서 대한민국 학자들과 함께 몇 년 째 공동 발굴을 하고 있어. 고려는 우리 민족 모두의 역사기도 하니까. 내가 대한민국 학자를 대표해 이곳에 머무르고 있단다."

박사님 말씀을 듣는 동안 왠지 모르게 뿌듯한 마음이 들었어요. 박사님도 신나셨는지 개성에 대해 더 말씀해 주셨어요.

"개성은 고려시대에 개경 또는 송악으로 불렸단다. 태조 왕건은 자신의 고향인 송악을 터전으로 삼아 후삼국을 통일했어. 당연히 왕건의 무덤도 개경 근처에 있지. 가까이 예성강 하구에는 벽란도라는

　항구가 있어서 세계 곳곳에서 상인들이 드나들기도 했어. 천 년 전 세계에서도 손꼽히는 국제적인 도시가 바로 개경이었어. 내가 특별히 북한 당국에 부탁해 놓았으니 며칠 개성에 머물면서 한탐 선생님과 고려에 대해 많이 배우고 가렴."
　정 박사님의 말씀을 들으니 고려 역사를 찾아 개성에 온 것이 더욱 실감났어요.

★ 개성으로 역사여행을 떠난다면 꼭 가볼 곳! ·········•

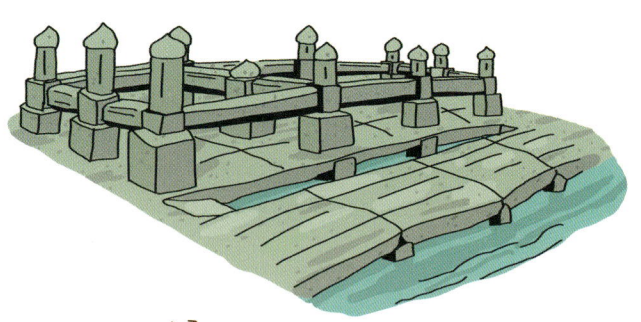

박연폭포

우리나라 3대 폭포 중 하나예요. 아름다운 경치로 개성 사람들의 쉼터이자 자랑거리랍니다.

선죽교

개성 선죽동에 있는 고려시대 돌다리예요. 이곳에서 고려말 정몽주가 이방원에 의해 죽음을 맞이하였다고 전해져요.

태조왕건릉

개성 개풍에 있는 왕건의 무덤이에요. 무덤 북쪽에서 청동제 왕건 좌상이 출토되었어요.

공민왕릉

개성 개풍에 있는 공민왕과 노국대장 공주의 무덤이에요. 고려 왕릉 가운데 보존 상태는 가장 좋지만 도굴로 유물은 발굴되지 못했어요.

태조 왕건의 열 가지 유언

　개성 한옥마을 안 민속 여관에서 하룻밤을 보내게 된 우리는 들뜬 마음에 쉽게 잠이 오지 않았어요. 선생님도 같은 마음인지 모두 일어나서 나가자고 했어요. 북한에서 밤에 함부로 다녀도 되나 싶었지만 우리는 특별 손님인걸요, 뭐. 선생님만 믿고 잽싸게 일어났어요.

　개성은 북한에서는 두 번째로 큰 도시라고 들었는데 밤이 되니 불 켜진 건물이 거의 없었어요. 대신 그 덕분에 반짝이는 별을 잔뜩 볼 수 있었어요. 도시를 벗어나야 보이는 은하수도 개성에선 무척 잘 보였어요.

　길을 걸으며 선생님은 왕건의 이야기를 다시 들려주셨어요. 이번에는 따라오는 사람 없이 우리 사총사만 선생님 곁에 있었지요.

　"후삼국을 통일한 왕건은 해야 할 일이 정말 산더미였어요. 함께했던 호족들에게 땅과 돈, 관직을 주었지요. 힘이 센 호족들은 결혼을 통해 자신의 편으로 끌어들였어요. 그러다 보니 왕건은 부인이 무려 스물아홉 명이나 되었어요. 백성들에게는 세금을 줄여주었는데 발해 출신, 후백제 출신, 신라 출신을 차별하지 않고 모두 평등한 백성으로 받아들였지요. 나라 이름을 고려로 지은 것은 옛 고구려의 뒤를 잇는다는 뜻이었고, 그래서 고구려의 도읍이었던 평양을 서경(서쪽 서울)이라 하고 중요하게 여겼지요. 무역을 가장 많이 하고 문화를 배울 수 있는 중국과는 무척 친하게 지냈지만 발해를 멸망시킨 거란과는 사이좋게 지낼 수 없었답니다. 왕건은 몸이 열 개여도 부족할 만큼 할 일이 많았어요. 결국 눈을 감는 순간에도 걱정되는 일이 많았는지 후대 왕들을 위해 열 가지 유언을 남겼어요. 그게 바로 훈요십조랍니다."

왕의 유언이 열 가지나 되다니 진짜 궁금해요~

✱ 왕건의 훈요십조 ✱

왕건은 고려의 번영과 백성들의 안정을 위해 열 가지의 가르침을 남겼어요.
고려의 왕들은 이 가르침으로 나라를 다스렸어요.

1. 불교를 장려하되 간신과 승려들의 사원 쟁탈은 못하게 하라
2. 도선 스님이 정해 놓은 땅 이외의 곳에 함부로 절을 짓지 마라
3. 왕위는 장남이 잇는 게 원칙이나, 장남이 어질지 못하면 다른 아들이 잇게 하라
4. 거란의 제도는 본받지 마라
5. 서경(평양)을 중요하게 여겨라
6. 연등회, 팔관회를 소홀히 다루지 마라
7. 아랫사람의 옳은 조언을 받아들이고 남을 헐뜯는 자를 멀리하라
8. 차령산맥 남쪽과 공주강(금강) 밖에 사는 사람은 조정에 등용하지 마라
9. 벼슬아치의 녹봉을 함부로 올리거나 내리지 마라
10. 경전과 역사책을 많이 읽어 옛일을 거울로 삼아라

# 우리 역사상 첫 번째 과거시험

오늘 우리가 맨 처음으로 간 곳은 고려 박물관이었어요. 박물관이라 해서 커다란 건물일 줄 알았는데 1층짜리 한옥 건물이 여러 개 있었어요. 원래 여기는 고려시대 학자들이 공부하던 고려시대의 성균관이라고 선생님이 말씀해 주셨어요.

박물관은 고려시대 유물로 가득했어요. 우리나라에 한 개 밖에 없다는 고려시대 금속활자가 북한에도 똑같이 한 개 있어서 신기했어요. 고려 박물관은 야외전시실에 볼 것이 참 많다고 했어요. 개성은 도읍지여서 고려시대 절이 제일 많았다고 해요. 그래서 야외전시실에는 탑과 불상이 무척 많아요. 우리는 멋진 5층 석탑 앞에서 사진을 찍었어요.

● 고려 공복제도

광종은 과거제도 실시 이후 960년에 관리들이 입는 옷 색깔을 정하였어요. "관리의 복장에 질서가 없으니, 각자 신분과 직책에 맞게 옷을 입도록 하라"라고 명령을 내렸어요.

"탑이 마음에 드나요? 선생님이 설명을 좀 해야겠는걸요. 불일사 5층 석탑은 왕건의 셋째 아들인 광종이 만든 탑이에요. 광종은 무척 영리하면서도 무서운 왕이었어요. 광종이 왕이 되었을 때에는 신하들의 관복조차 없었지요. 후백제 출신 신하는 후백제의 옷을, 신라 출신 신하는 신라 관복을 입었고 불교에 관심 많은 신하는 스님 복장을 했고 심지어는 왕보다 화려한 옷을 입고 나타나는 신하도 있었어요. 이래서는 왕의 권위나 신하들 간의 질서가 잡힐 리가 없었어요. 광종은 질서를 잡기 위해서 왕의 말을 잘 듣는 신하가 필요하다고 생각했지요. 그때까지만 해도 벼슬자리는 아버지의 관직을 그대로 물려받는 경우가 많았으니 굳이 왕에게 충성할 필요가 없었거든요. 광종은 출신과 상관없이 능력이 있으면 누구나 관직에 나갈 수 있는 과거제도를 우리 역사상 처음 실시한 왕이에요. 합격자 발표를 직접 했을 정도였다고 하니, 과거 시험에 대한 광종의 관심을 잘 알 수 있지요. 실제로 거란의 침입을 외교담판으로 물리친 서희도 광종의 과거시험을 통해 관직에 나갔으니 광종의 정책은 성공했다 할 수 있겠지요? 과거에 뽑힌 사람들은 광종에게 충성을 다했어요. 광종은 관복도 네 가지 색으로 정해 질서를 잡고 강제로 노비가 된 사람을 찾아내 풀어주고 호족들에게 빼앗긴 재산도 돌려주었답니다."

그러자 호족은 광종에게 반대하기 시작했대요. 광종은 호족을 달래지 않고, 어명을 어기는 호족은 잡아 가두거나 죽였어요. 수백 명이 넘는 호족의 목이 달아난 거예요. 그 후로도 자신의 말을 듣지 않는 사람은 누구도 용서하지 않았대요. 광종은 분명 무서운 왕이지만 그 덕에 호족의 힘은 꺾이고 백성들은 살만해졌고 고려 왕실은 튼튼해졌으니 고려를 위해서는 필요한 왕이 아니었을까요?

● 장양수 홍패
1205년 과거에 급제한 장양수가 받은 과거 합격증이에요.

- 이때부터 시험이 생긴 거야? 시험은 정말 싫어!
- 고려시대라면 나의 똑똑함을 뽐낼 수 있었을 거야.
- 흠… 벼슬과 재산을 빼앗긴 호족은 광종이 싫었을 거야.
- 새로운 신하를 뽑아야 왕권이 강화되잖아.
- 광종의 업적을 꼭 기억해 두렴.

 ## 성종과 최승로

　박물관을 둘러 본 후 우리는 성균관도 살펴보았어요. 성균관의 원래 이름은 국자감이었대요. 국자감은 고려 최고의 교육기관이라고 하니, 진짜 똑똑한 사람들만 모였나 봐요. 처음에는 공부만 하는 곳이었지만, 나중에는 공자님을 모시고 제사를 올리기도 했대요.

　국자감은 성종이 만들었대요. 무서웠던 광종과 달리 성종은 평화로운 정치를 하고 싶었어요. 그래서 신하들에게 어떻게 정치를 하는 것이 좋은지 적어오라 했는데 최승로의 의견이 성종의 마음에 쏙 들었나 봐요. 최승로는 나라 발전에 당장 필요한 스물여덟 가지 방법(시무28조)을 주장했어요. 그중 스물두 개가 알려져 있는데 지나친 불교 행사에 대한 비판, 유교에 따른 정치, 왕이 지녀야 할 마음가

짐, 중국의 문물을 받아들이는 자세, 백성을 위한 정책 등이 담겨 있다고 해요. 성종은 최승로의 주장을 받아들였고 그 결과 광종과 더불어 고려의 기틀을 다진 왕으로 역사 속에 남게 되었답니다.

박물관을 보고 나니 벌써 점심이었어요. 북한에서 먹는 음식은 특이했어요. 짜지도 않고 맵지도 않고, 달지도 않아 무슨 맛인지 잘 모르겠어요. 선생님은 우리 입맛이 조미료에 너무 길들여져서 그런 것이라는데 정말 그런 걸까요? 암튼 배가 고파 우리는 하나도 안 남기고 다 먹어치웠어요.

선생님은 탐방을 가기 전 화장실을 미리 다녀와야 된다며 우리를 데리고 화장실로 갔어요. 북한 화장실은 깨끗하긴 한데 왠지 오래된 느낌이 들었어요. 그런데 화장실에 들어가자마자 선생님이 주변을 두리번거리더니 화장실 문을 잠갔어요.

"쉿! 여러분, 지금부터 우리끼리 비밀 이야기를 해야 돼요. 북한 군인들이 우리 행동을 지켜보고 있거든요. 우리가 개성까지 온 이유는 고려시대로 들어갈 수 있는 시간 터널이 바로 이곳에 있기 때문이에요. 그것을 어떻게 알았냐구요? 사실 만월대에 계신 정 박사님이 개성 곳곳에 있는 고려 유적을 발굴하시다가 비밀을 알게 되셨어요. 그런데 시간의 문은 일 년에 딱 두 시간 동안만 열린다고 해요. 고려에서는 이틀의 시간이지요. 그 시간 안에 다시 나오지 못하면 꼼짝없이 일 년 간은 고려시대에 살아야 할지도 몰라요. 다들 마음의 준비가 됐나요? 오늘 오후가 바로 일 년 만에 문이 열리는 시간이랍니다. 이제 우리 앞에 어떤 고려가 펼쳐질지는 선생님도 몰라요. 자, 출발합니다."

선생님, 정말이에요? 우리는 비장한 각오를 하고 화장실을 나왔어요. 위험하고, 무서운 시간여행이 아니었으면 정말 좋겠어요.

후삼국의 주역 인터뷰하고 훈요십조 만들기

삼국 중 가장 비옥한 땅과 많은 인구, 부유한 경제력을 지닌 우리가 삼국의 주인공이 되어야 함은 당연하다.

백성을 가장 사랑하는 왕은 바로 나 궁예야. 그리고 삼국 중 가장 넓은 땅을 차지했으니 후삼국은 나 궁예가 통일하는 것이 옳다.

후삼국 통일은 하늘이 정해주는 것이다. 나 왕건은 하늘이 돕는 왕이니 결국은 내가 주인공이 될 것이라고 굳게 믿는다.

후삼국 시대의 주역이신데, 한 말씀씩 부탁드립니다.

※※ 견훤   ※※ 궁예   ※※ 왕건   ※※ 똑똑이 기자

자신만의 훈요십조 만들어 보기

1. 하루에 한 시간씩은 반드시 독서를 하라.
2. 아침에 일어나면 부모님께 문안인사를 드려라.
3. 주변 사람들에게는 자주 '고맙다'는 말을 하라.
4. 야채와 나물은 건강에 좋으므로 최대한 많이 먹어라.
5. 공부를 잘하는 최고의 방법은 꾸준한 예습 복습이니 게을리 하지 마라.
6. 일 년에 한 번은 여행을 떠나도록 하라.
7. 어른이 되기 전에 5대 광역시와 8도를 다 다녀보도록 하라.
8. 다루는 악기를 하나 이상 만들어라.
9. 영어 외에 다른 외국어를 하나 이상 익혀라.
10. 가족과의 대화 시간이 가장 중요하다는 사실을 명심하라.

질문 하나,

우리 후삼국 시대에 대해 배웠죠?

후삼국 시대를 연 주인공과 도읍지를 찾아 빈칸을 메워 볼래요?

나라 이름	후백제	후고구려(태봉, 마진)	고려
왕			
도읍지			

질문 둘,

저런, 훈요십조의 내용을 잘못 알고 있는 친구가 있어요.
누구인가요?

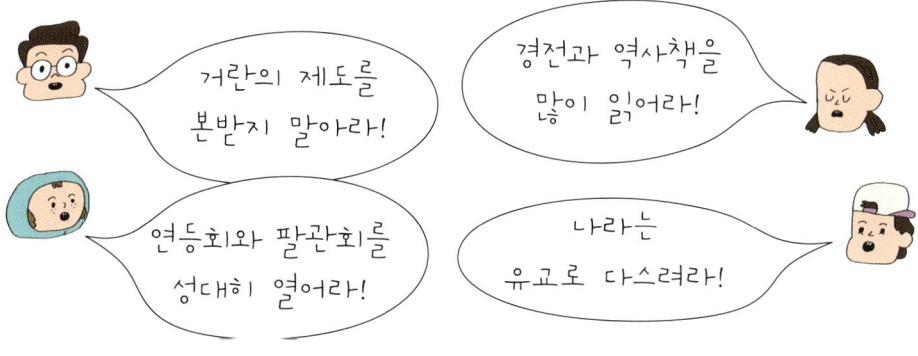

? ~~~~~~~~~~~~~~~~~

질문 셋,

고려 초, 나라의 기틀을 다진 두 명의 왕은 누구인지 다 알지요?
한 번 대답해 볼까요?

❶ 처음으로 과거시험을 시작한 (   )

❷ 최승로의 건의를 받아 유교로 나라를 다스린 (   )

• 정답은 222쪽에서 확인하세요!

후삼국 시대로 시간여행을 떠난다면?

통일이 되면 제일 먼저 가보고 싶어.

모든 것을 잃은 궁예가 불쌍해.

1. 비운의 후고구려왕, 궁예의 꿈이 담긴 곳
● 궁예도성

후고구려의 도읍지인 철원은 강원도 최대의 곡창지대입니다. 궁예는 이곳을 발판으로 삼국을 통일하려 했습니다. 넓은 들판 한가운데 거대한 도성을 쌓은 궁예지만 결국 부하였던 왕건에게 왕위를 빼앗기고 쫓겨났습니다. 그 후 궁예도성은 오래도록 버려져 지금에 이르렀습니다. 하지만 궁예도성은 가고 싶어도 갈 수 없는 곳이 되었습니다. 비무장지대의 한가운데에 있다 보니 철원 평화 전망대에서만 망원경으로 볼 수 있습니다.

2. 후삼국 통일! 더 이상의 전쟁은 없도다.
• 충남 논산시 개태사

태조 왕건이 후삼국을 통일 한 후 나라를 안정시키기 위한 마음을 담아 후백제의 옛 땅인 논산에 개태사를 세웠습니다. 개태사를 세운 것은 더 이상 전쟁이 없다는 뜻이기도 했습니다. 개태사에는 둘레가 9미터가 넘는 무쇠솥이 있습니다. 무쇠솥이 있는 곳에는 가뭄이 들지 않는다는 전설이 있어 가뭄 때마다 사람들이 솥을 이리저리 끌고 다녔다고 합니다.

3. 광종이 보고 싶은 어머니를 위해 만든 절
• 충주 숭선사지

충주 숭선사지는 입구에 서 있는 당간지주를 뺀다면 아무것도 남지 않은 절터입니다. 하지만 이곳은 한강 남쪽에서 최초로 확인된 고려시대 절이기도 합니다. 숭선사는 원래 광종이 돌아가신 어머니 신명 순성왕후의 명복을 만들기 위해 어머니 고향인 충주에 건립하였습니다. 조선시대 후기에 절이 사라지기 전까지 숭선사는 많은 사람들이 찾는 큰 사찰이었습니다. 요즘에도 전통 건축을 공부하는 사람이라면 반드시 찾아가는 곳입니다.

18 열여덟 번째 여행

국제무역항 벽란도에서 탄생한 KOREA

세계 속의 고려

✗ 한국사 탐험을 떠나기 전 미리 생각해 올 것!

여러 나라 상인들이 벽란도에 모여 서로의 특산품을 무역을 통해 사고팔았어요. 외국 상인들이 고려에서 가져가고 싶은 특산물은 무엇인지 반대로 송나라, 일본 등 외국에서 고려로 들어온 물건들은 무엇인지 잘 살펴보아요.

연표

- 993년 서희 거란과 외교담판, 강동6주 획득
- 1010년 거란 2차 침입, 양규 장군 활약
- 1019년 강감찬의 귀주대첩
- 1086년 의천, 흥왕사 주지가 됨

✗ 준비물

시간 탐험 때 입을 두툼한 옷, 필기구, 수첩, 여권

'Korea'가 고려였어?

아라비아 상인 덕분에 세계에 소개 되었대.

국제무역항 벽란도

시간 터널은 개성에서 차로 삼십분쯤 떨어진 곳에 있다고 했어요. 그런데 문제가 생겼어요. 북한에서는 우리끼리 돌아다니면 안 된대요. 그래서 우리 차에 북한 군인 아저씨 한 명과 같이 탔어요. 장난이는 어제 혼난 일 때문인지, 얌전한 표정으로 창밖만 바라보고 있어요. 장난이의 이런 모습은 처음이에요. 북한 군인 아저씨는 편하게 얘기하라 했지만 도착할 때까지 우리들은 한 마디도 하지 않았어요. 혹시라도 실수로 비밀이 새어 나가면 큰일이잖아요.

선생님만 말씀하셨는데 우리가 가는 곳은 벽란도래요. 벽란도는 중국, 일본, 거란, 여진, 멀리 아라비아의 상인들까지 드나드는 고려에서 가장 큰 국제 항구였대요. 그리고 그곳에 가면 여러 사람들을 만나게 될 거래요. 북한 군인 아저씨는 요즘 그곳에는 사람이 많이 살지 않는데 무슨 소리냐고 하였어요. 하지만 우리는 모두 선생님의 말씀을 눈치챘어요. 북한 군인 아저씨는 우리가 시간여행을 할 수 있다는 것을 꿈에도 눈치채지 못할 거예요.

드디어 벽란도에 도착했어요. 그런데 이곳은 정말 아무것도 없었어요. 주차장도 없고 전시관도 없고 그냥 강가에 와 있는 기분이었어요.

"선생 동지, 진짜 이곳에서 역사 공부를 하실 겁니까?"

"네. 이곳이 유명한 벽란도가 있었던 곳이니 아이들과 옛 흔적을 찾아보려구요. 혹시 벽란정의 위치가 어디였는지 아시나요?"

"벽란정? 외국 사신이 머물렀던 곳? 기건 알고 있시오. 우리는 남조선보다 고려 역사를 더 열심히 배우니까. 저 언덕 뒤 평평한 땅이오. 이따가 정 동지도 만월대에서 오신다 했으니 그때까지 잘 돌아보시오~ 난 저기 군인 초소에서 쉬고 있을 테니."

선생님은 벽란정이 있었던 곳이 시간 터널이 생기는 곳이라고 말씀하셨어요. 선생님은 무언가 찾는 척하며 북한 군인 아저씨의 눈을 피해 두리번 거리셨어요. 우리는 기대 반 걱정 반이었어요. 영화나 동화책에서 봤는데, 시간여행을 간 주인공이 전쟁터 한복판에 떨어지기도 하잖아요. 우리라고 그러지 말라는 법은 없으니까요. 우리끼리 쑥덕대는 동안 선생님은 뭔가를 발견하신 것 같았어요. 주춧돌이 여러 개 있었는데, 이곳이 벽란정이 있었던 자리라나 봐요.

"드디어 찾았다. 여기 주춧돌 사이였군. 자 다 같이 들어가는 거예요~ 렛츠 고우~"

우왓! 드디어 고려시대로 가는 건가요? 우리는 모두 흥분했어요.

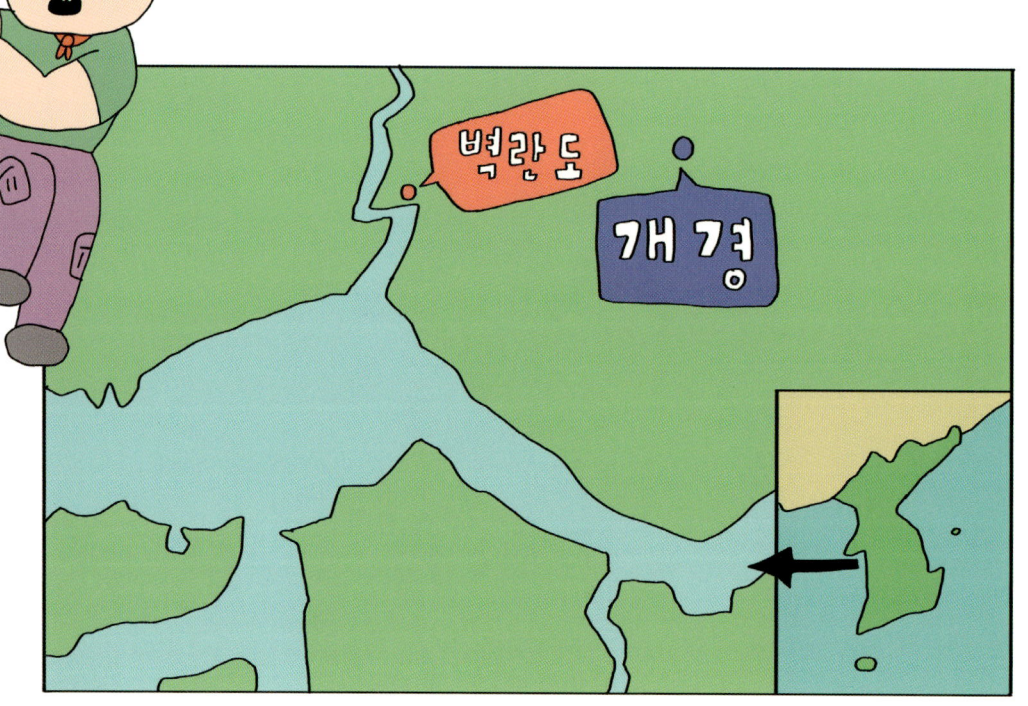

 외국 사신들이 머무는 벽란정

윽! 냄새~ 이게 뭐야. 우리가 도착한 곳은 화장실이었어요. 예스럽고 낯선 것이 고려시대로 오긴 온 것 같아요. 들락거리는 사람들 옷차림이 사극에서 본 모습이었어요. 그런데 갑자기 단체로 우리가 나타나다 보니 무척 놀란 모양이에요. 마침 화장실로 들어오던 고려 병사들과 마주쳤어요.

"엇! 너희들은 누구냐? 처음 보는 얼굴들인데? 아~ 여기 동자들과 같이 온 분이 계시는군. 사신께서는 어느 나라에서 오신 분인가요? 처음 보는 얼굴 같습니다."

선생님이 놀라서 머뭇거리는데 투덜이가 한국에서 왔다고 얘기해 버렸어요. 우리는 한국이라고 얘기하면 어떡하냐고 투덜이를 쿡쿡 찔렀는데 오히려 병사들은 우리에게 인사를 했어요.

"한국? 아~ 칸 국! 알아 알아. 몽골족들이 자신들의 왕을 '칸(한)'이라 하지. 몽골에서 오신 분들이군. 아이구, 몽골 사신을 몰라뵈었습니다. 처음 오셔서 길을 잘 모르셨군요. 사신들이 머무는 객관은 저쪽입니다."

우리는 어리둥절하였지만, 고려 병사들은 우리를 몽골 사신으로 보고 갑자기 친절해졌어요. 눈치 빠른 선생님과 우리들은 몽골 사신 행세를 시작했어요. 병사를 따라 객관으로 가던 중 한자로 적힌 '벽란정' 현판을 선생님이 찾아냈어요. 제대로 시간여행 온 것 같아요. 여긴 외국 사신들이 많은 곳이다 보니 고려 병사들도 우리를 이상하게 여기지 않은 것 같았어요. 정말이지 다행이에요. 벽란정 곳곳에는 신기한 옷을 입은 외국 사신들이 참 많았어요.

● 선화봉사고려도경

1123년 송나라 사행단 중 서긍이 고려를 방문하여 보고 들은 것을 기록한 고려 견문록이에요.

　송나라 사신들은 아라비아 사신이 맨날 고려를 꼬레라고 한다고 핀잔을 주었어요. 아무튼 졸지에 우리는 가본 적도 없는 몽골의 사신이 되었어요. 그래도 우리를 이상히 여기지 않아서 정말 다행이라고 생각했어요. 이곳 벽란정은 외국에 온 것만 같은 아주 특이한 곳이었어요. 건물 모양도 우리 한옥보다는 중국 건물과 비슷한 모습이었어요. 외국 사신들 중에는 서양 사람들과 비슷하게 생긴 사람들도 눈에 띄었어요. 선생님은 아라비아에서 온 사람들이랬어요. 그나저나 "꼬레?" 어디서 많이 듣던 말인 것 같은데? 아, 지금 오고 있는 저 사람이 고려 관리인가 봐요.

자부심 가득한 송나라 사신

"저희 고려를 찾아주신 각국 사신 분들께 개경에 계신 폐하를 대신해 감사 인사를 드립니다. 내일 팔관회는 그 어느 때 보다 성대하게 개최되니 아무쪼록 즐거운 시간이 되길 바랍니다. 두 시진(4시간) 후 출발할 테니 벽란정 정문에서 다시 모여 주시기 바랍니다."

송나라 사신은 유명한 고려의 팔관회를 직접 볼 수 있게 되어 이번 고려행은 참 운이 좋다고 했어요. 그러면서 출발 시간이 좀 남았으니 자신의 객관에서 차라도 한잔 하자고 각국 사신들에게 청했어요. 선생님은 좋은 기회라며 송나라 사신의 청에 응했어요. 송나라 사신이 머무는 곳은 벽란정 안에서도 가장 크고 화려한 곳이었어요.

송나라 사신은 자부심이 가득해 보였어요. 말끝마다 대국, 대국 하며 우리에게 뭔가를 계속 가르쳐 주려 했어요. 자기 입으로 대국이라 안 해도 중국이 큰 나라인 것은 다 아는데 말이죠. 특히 우리에게 관심이 많았는데 송나라 특산차를 주며 약재와 비단, 붓, 벼루, 먹 등 송나라의 진귀한 물건들에 대해 이야기했어요. 우리는 교과서에서 이미 배우고 사진으로 본 것이라 큰 관심이 없었지만 일본에서 온 사신은 호기심 어린 눈으로 듣고 있었어요.

"일본에 유황이나 수은이 많다는 것도 자연이 내린 복이야. 너무 부러워만 말게. 나는 고려 특산품 중 나전칠기가 가장 마음에 드네. 조개껍데기를 이용해 어떻게 이런 화려한 가구를 만드는지 참. 아무튼 고려하면 이것저것 좋은 게 많지만 역시 인삼이 천하제일이지. 이번 팔관회에 참석한 사신들에게 고려 조정에서 인삼을 선물한다는 소문을 들었는데 아주 기대가 크네. 아 참, 자네들 몽골은 무엇이 뛰어난가? 역시 말이겠지? 태어나자마자 말을 타는 민족이라 들었는데. 나중에 자네들 말 좀 보여 주게."

사실 우리는 차가 입에 맞지 않았어요. 주스나 탄산음료가 먹고 싶었죠. 하지만 고려 시대에 그런 음료수를 바랄 수 없다는 건 우리도 알거든요. 선생님은 송나라와 일본의 사신들과 이야기를 더 나누셨어요. 무슨 하실 말씀이 그렇게 많은지 일어설 생각을 하지 않으세요. 우리가 듣기에는 별로 재밌는 얘기 같지도 않고… 할 수 없이 우리는 먼저 일어섰어요. 멀리 가지 않겠다는 말씀을 드리고 나와서 벽란정을 돌아다녔어요. 다들 출발 준비한다고 바쁜 모습이었어요. 그런데 거란 사신이 머무는 방 앞에서 큰소리가 났어요. 싸우는 것 같았어요. 장난이가 제일 재밌는 것이 싸움 구경이라며 달려갔어요. 하여간 못 말려요. 같이 가~

불편한 거란과의 관계

"너무 한 것 아니오? 우리 요나라가 약해졌다고는 하나 어떻게 이렇게 우릴 무시할 수 있소? 우리가 옛날의 거란족인 줄 알아?"

거란의 사신은 무척 화가 나 있었어요. 고려의 관리들에게 무시당했다고 생각하나 봐요.

"오해이십니다. 우리 고려가 일부러 그럴 리가 있습니까? 여진의 사신이 먼저 왔기 때문에 앞쪽 가마에 타는 것뿐입니다."

고려의 관리 아저씨는 곤란한 표정으로 거란의 사신을 달랬어요.

"거짓말 마시오. 틀림없이 당신들은 옛날 우리랑 싸웠던 일 때문에 우리를 이렇게 대하는 것이 틀림없어. 어떻게 여진 사신이 우리 앞에 앉아 간다는 말인가? 정 이렇게 나온다면 우린 요나라로 돌아가겠소!"

거란 사신은 진짜 화가 난 듯 방으로 들어가 버렸어요. 고려 관리 아저씨는 발만 동동 구르며 자리를 떠나지 못했어요. 우리는 난처해하는 고려 관리 아저씨를 위로해 드렸어요. 우리가 먼 몽골에서 처음 온 것이라 생각했는지, 고려 관리 아저씨는 거란과 고려 사이에 있었던 전쟁에 대해 얘기해 주었어요. 거란의 1차 침입과 서희의 외교담판, 2차 침입 때 양규 장군의 활약, 3차 침입을 막아 낸 강감찬의 귀주대첩을 말이에요. 설명을 하는 동안 고려 관리의 얼굴은 그 자리에 있기라도 한 것처럼 발갛게 상기되어 보였어요. 사실 우리는 한 번쯤 들어 알고 있었지만, 고려 사람에게 자세하게 듣게 되니, 정말 흥미진진하고 뿌듯했어요. 그런데 고려와 전쟁을 벌였던 거란이 사신으로 왔다니 잘 이해되지 않았어요. 그것에 대해서는 고려 관리가 다시 설명해 주었어요.

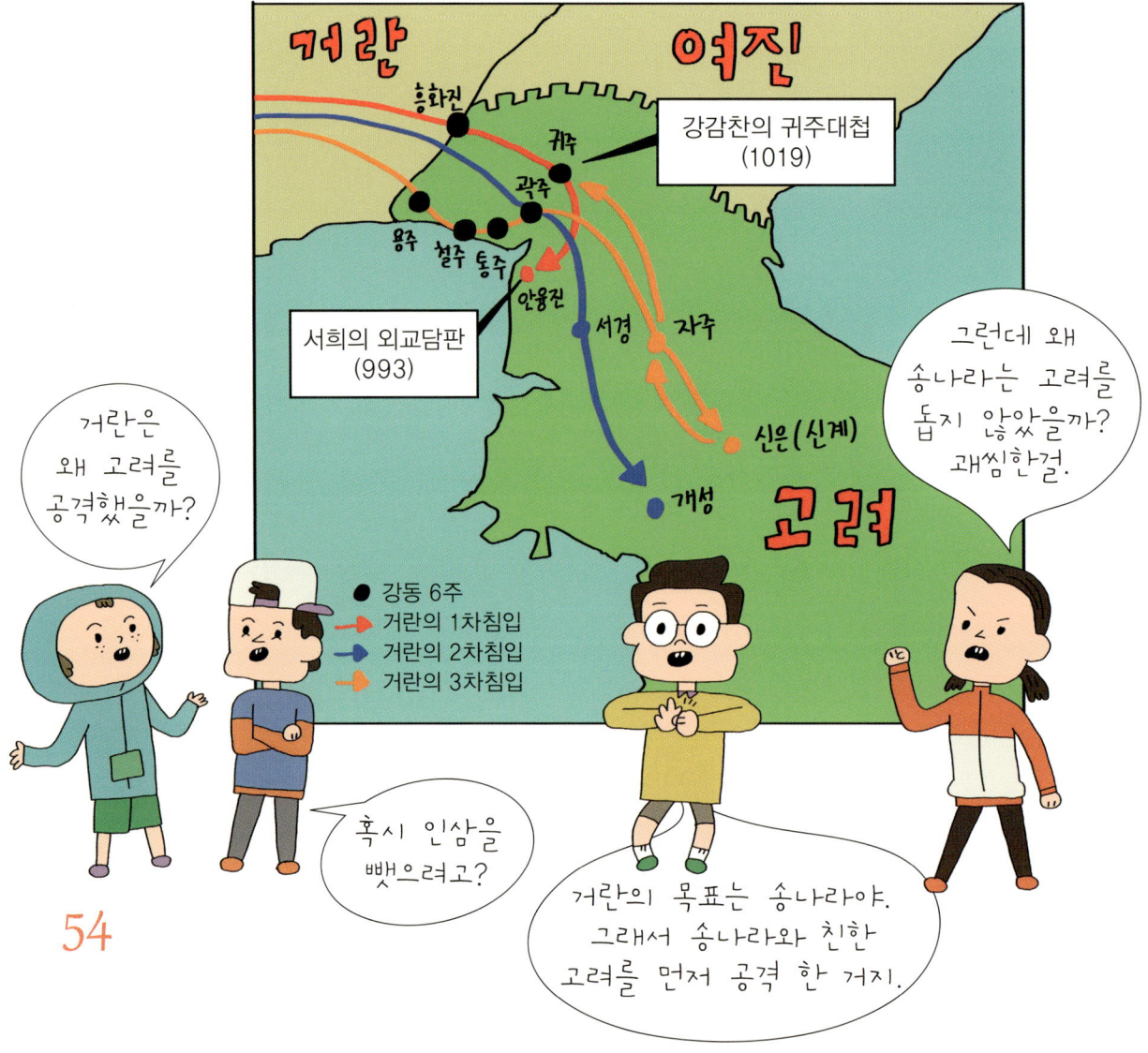

"아, 그건 귀주대첩 후에 우리 고려는 거란과 더 이상 싸우지 않기로 약속을 했습니다. 하지만 혹시 거란이 약속을 어길까 걱정이 돼서 국경에 천리장성을 쌓고 개경에는 나성을 둘렀습니다. 그 일도 벌써 백 년이 다 되어 가는군요. 그 후로는 다시 무역도 하고 사신도 다녀가곤 했지요. 그런데 요즘은 거란 사신을 대하는 것이 참 괴롭습니다."

고려 관리의 말이, 요나라는 요즘 예전만큼 힘이 강하질 않대요. 오히려 여진족의 힘이 커져서 고려는 여진족이 세운 금나라의 눈치를 보는 상황이 되었대요. 거란의 앞에 앉아 가겠다는 것도 여진의 사신이 요구한 거래요. 이래저래 눈치만 보는 고려라 마음이 아팠어요. 하지만 거란도 여진도 고려도 지금은 모르고 있을 거예요. 세상을 지배하는 새로운 민족이 곧 나타나리라는 것을요. 바로 그들이 오해하고 있는 우리들이죠. 몽골 말이에요.

거란의 침입을 물리친 고려
건국 초부터 고려는 북진정책*으로 거란과 친하지 않았어요. 그러던 고려가 송과 교류를 하자, 거란은 고려의 북진정책과 송과의 교류를 빌미 삼아 침략하였어요. 거란의 1차 침입 때는 거란의 장수 소손녕과 서희가 외교 담판을 벌여, 거란을 물러나게 하였어요. 거란의 2차 침입 때는 양규가 크게 활약하여 승리하였고, 거란의 3차 침입 때는 강감찬 장군이 귀주대첩으로 큰 승리를 거두었어요. 거란을 물리친 고려는 외적을 물리쳤다는 자신감이 생겼고, 압록강에서 동해안까지 천리장성을 쌓아 북방 민족의 침입을 막고자 하였어요.

● 북진정책
북쪽으로 영토를 넓히려는 정책을 말해요. 고려는 고구려의 옛 땅을 되찾기 위해 꾸준히 북쪽으로 세력을 넓혔어요.

세력을 넓히려는 여진

 큰일 났어요. 여진족 사신이 우리를 초대했어요. 그런데 어떡하죠? 선생님이 아직 송나라 사신의 숙소에서 안 오셨어요. 아까 고려 관리의 말을 들어보면 지금은 여진족의 가장 힘이 가장 센 때인 거 같은데 걱정이 이만저만이 아니에요. 하지만 우리는 결심했어요. 여진의 사신을 만나기로요.

 "흐흐흐~ 이젠 누구도 우리 여진족을 함부로 대하지 못할 것이다. 이미 송나라는 종이호랑이 신세가 된지 오래고, 거란도 우리에게 계속 패배하고 있으니까."

 누군가 자신들의 힘을 과시하는 말이 방 밖으로 들려왔어요.

 "지당한 말씀이십니다. 왕자 마마. 그 무섭던 고려도 이제 우리에게 꼼짝 못하지 않습니까? 그런데 신경 쓰이는 일이 하나 있습니다. 바로 몽골족 말입니다. 아까 왜 보시지 않으셨습니까? 이상한 옷차림이며 말투하며. 천하를 손에 넣기 위해서는 몽골족을 경계할 필요가 있습니다. 태어나면서부터 말을 다루는 자들이니 그들이 하나로 뭉친다면 필시 무서운 상대가 될 것입니다. 이럴게 아니라 그들을

불러 이참에 우리의 힘을 보여주는 것이 어떻겠습니까?"

우리는 기왕 이렇게 된 거, 진짜 몽골의 사신이 되어 여진족 사신을 속여 보기로 하였어요. 결국 선생님께 말씀드리지도 못하고, 우리는 여진족 사신의 숙소로 들어갔어요.

"왕자 마마, 같이 오면서 들었는데 이 어린 네 분은 몽골 칸의 왕자들이십니다."

"아~ 그랬군. 어서들 오시오. 칸께서는 잘 계시는가? 안 그래도 고려에서 일이 끝나면 몽골에 사람을 보내려 했소. 몽골도 우리 금나라와 친하게 지내야 되지 않겠소?"

선생님은 안 계셨지만 우리에게는 역사 박사인 똑똑이가 있잖아요. 똑똑이는 여진족의 속셈을 눈치채고 먼저 얘기를 했어요. 몽골이 하나로 뭉치는 것을 두려워하는 것을 잘 알고 있다고요. 그리고 여진족이 예전에는 고려를 부모의 나라로 부르며 농기구와 식량 등을 얻어 갔다는 사실도요. 고려에 윤관 장군이 살아계셨다면 달랐을 거라는 말까지 덧붙이자 여진 왕자의 얼굴이 하얗게 질렸어요. 하지만 여진의 왕자답게 곧 얼굴색을 바로 하며 우리에게 한 마디 쏘아붙였어요.

"아니 윤관까지 알고 있다니. 몽골의 정보력도 대단하군요. 하지만 윤관은 이미 죽었고 그가 만든 동북 9성은 우리가 잘 쓰고 있답니다. 이제 곧 송나라도, 거란도, 고려도 우리 앞에 무릎을 꿇게 될 것이니, 왕자들께도 돌아가면 몽골이 어찌해야 할지를 칸께 잘~ 전

● 척경입비도 (고려대박물관 소장)
여진족을 물리친 윤관이 동북 9성을 쌓고, 국경선을 표시하는 비석을 세운 그림이에요. 조선 후기에 그려졌어요.

하도록 하시오."

우리는 예의 바르게 인사를 하고 여진 사신의 방을 나왔어요. 우리가 나오자, 여진의 왕자가 탁자를 내리치는 소리가 들렸어요. 우리는 도망치듯 뛰어나갔어요.

아이고, 심장이 벌렁거려.

여진족 왕자를 좀 더 골탕 먹이는 건데. 아깝다.

여진족의 속셈을 고려에 알려야 되는 것 아냐?

선생님이 역사에 함부로 끼어들면 안 된다고 하셨어.

58

아라비아 사신과 코리아

정말 간담이 서늘한 일이었어요. 휴~ 똑똑이가 하는 대로 눈치껏 행동했지만, 얼마나 긴장했는지 모른다고요. 우리가 몽골족이 아니라 대한민국에서 온 어린이라는 것이 들통 났다면, 집에 가기는커녕 목숨이 달아났을지도 몰라요. 이 일은 선생님께는 비밀로 해야겠어요. 쉿!

얼굴이 조금 붉은 것을 보니, 선생님이 우릴 한참 찾으셨나 봐요. 선생님은 우리를 데리고 객관 뒤쪽 건물로 향했어요. 선생님을 따라간 곳은 아라비아에서 온 사신들이 짐을 꾸리고 있는 곳이었어요.

"오~ 어서 오세요. 환영합니다. 몽골은 짐을 다 꾸렸나 보군요. 우리는 꼬레에서 구입한 진귀한 물건들이 너무너무 많아 시간이 마니마니 걸립니다."

아라비아 사신이 하는 고려 말은 중국이나 거란 여진족과는 좀 달랐어요. 그리고 아까부터 자꾸 고려를 꼬레래요. 장난이가 꼬레가 아니라고 답답해하니, 아리비아 사신은 꼬레를 꼬레라 하는데 뭐가 잘못되었냐며 도리어 알 수 없다는 표정을 지었어요.

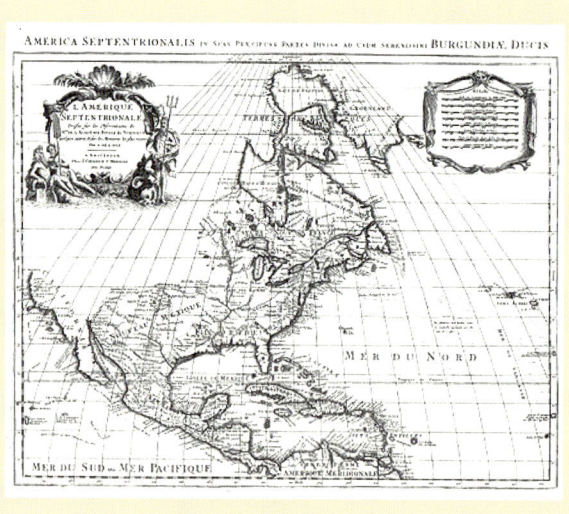

● 프랑스에서 만든 세계지도

프랑스의 지도학자 기욤 드릴이 1724년에 제작한 지도예요. 우리나라를 '고려'라고 표시하고, 동해바다를 '고려의 바다'라고 소개하고 있어요.

꼬레 **core** ⇨ 꼬리 **coree** ⇨ 꼬리아 **coree** ⇨ 꼬레아 **corea** ⇨ 코리아 **korea**

"어이구, 됐어요. 됐어. 그냥 꼬레 하세요."

선생님께서는 이 아라비아 사신들이 덕분에 우리가 서양에 알려졌다고 하셨어요. 고려가 발음하기 어려운 아라비아 사람들이 지도에 꼬레로 표시한 거예요. 지금 영어로 코리아라고 하는 것은 바로 이 꼬레가 변해서 된 말이래요.

그런데 아라비아면 엄청 멀리 떨어진 곳인데 그곳에서 고려까지 왔다니 놀랍기만 했어요. 멀리서 와서 배가 고픈 건지는 모르겠지만 얼마나 밥을 잘 먹는지 밥 많이 먹는 나라(대식국)에서 온 사람들이라고 소문이 났지요. 몇몇 상인들은 아예 고려에 눌러 앉아 고려인으로 살기도 했대요.

"꼬레는 참 대단한 나라야. 청자를 만들어 낸 것을 보면. 접었다 펼치는 부채도 정말 신기하군. 아무리 접었다 펴도 찢어지질 않으니. 나전칠기와 화문석도 다른 나라에서는 찾을 수 없는 것이니 깨지지 않도록 잘 싸도록 해라~"

송나라 사신들이 얘기할 때만 해도 몰랐는데, 아라비아 사신까지 고려의 물건에 감탄하는 걸 보니 왠지 뿌듯한 마음이었어요.

국제무역항 벽란도에서 탄생한 KOREA

화려한 국제 거리 벽란도

선생님은 시간이 없다고 했어요. 이제 한 시간 뒤면 꼼짝없이 고려 관리를 따라 개경으로 가야 하니 벽란도를 둘러보려면 바로 나가야 된다고 했어요. 아까 시간 터널을 통과하기 전 벽란도는 정말 아무것도 없는 강가였는데 고려시대에는 어떤 모습이었는지 궁금해 죽겠어요.

그리고 아라비아 상인이 얘기해 준 쌍화점에도 가보고 싶어요. 쌍화점은 아라비아 사람들이 만든 집이래요. 고려시대에 만두를 먹다니. 정말 기대돼요.

벽란도는 엄청 큰 재래시장 같았어요. 큰 가게도 있고 길에서 장사하는 사람도 있고 동물원에나 있어야 할 공작새를 사고파는 사람도 있어요. 코끼리 상아는 처음 봤어요. 우리 키 만 한 것도 있어요. 화려한 무늬의 양탄자를 사는 고려 사람은 옷이 화려한 비단인 것이 귀족인가 봐요. 벼루와 먹, 붓을 파는 집도 사람들로 가득했어요. 외국 사람들은 인삼을 사려 하는 것인지 약재를 파는 곳은 줄이 꽤 길어요.

쌍화점은 외국인 보다 고려 사람들이 더 많은 것 같았어요. 선생님이 아라비아 사신 이야기를 하자 쌍화점 주인은 이미 연락을 받았다며 방으로 우릴 안내했어요. 만두가 나왔는데 생긴 게 꼭 찐빵 같았어요. 고려 사람들은 만두를 쌍화라 불렀나 봐요. 우리 주먹만 한 쌍화를 허겁지겁 먹어 치웠죠. 진짜 맛있었어요.

거리 곳곳에는 서커스처럼 공연하는 사람도 많았어요. 악기를 연주하는 사람 앞에서 노래 부르고 춤을 추는 사람들도 있어요. 역시 우리나라 사람은 춤추고 노래하는 것을 좋아 하나 봐요. 화려한 모습의 귀족들 사이에 허름한 옷차림의 백성들도 간혹 보였어요. 며칠 밥을 먹지 못한 것처럼 비쩍 말라 있었어요. 배고픈 아이들이 음식을 집어 도망치다 잡혀 혼나는 장면도 봤어요. 가서 도와주고 싶었지만 선생님은 마음 아파도 시간탐험 중에는 다른 사람의 일에 끼어들면 안 된다고 했어요. 우리는 선생님 몰래 여진 사신과 만난 일이 생각나 좀 무섭기도 했어요. 혹시 우리 때문에 역사가 바뀌는 것은 아니겠죠?

이렇게 화려한 벽란도가 천 년 후 아무것도 없는 강가로 바뀐다는 생각을 하니 기분이 이상했어요. 아마 여기 있는 사람은 꿈에도 생각지 못하겠죠? 둥~둥~ 벽란정이 있는 곳에서 북소리가 났어요. 개경으로 출발할 시간이 다 되었나 봐요. 선생님과 우리는 서둘러 벽란정 정문 앞으로 향했어요.

고려 vs 북방민족과의 전쟁지도와 연표 만들기

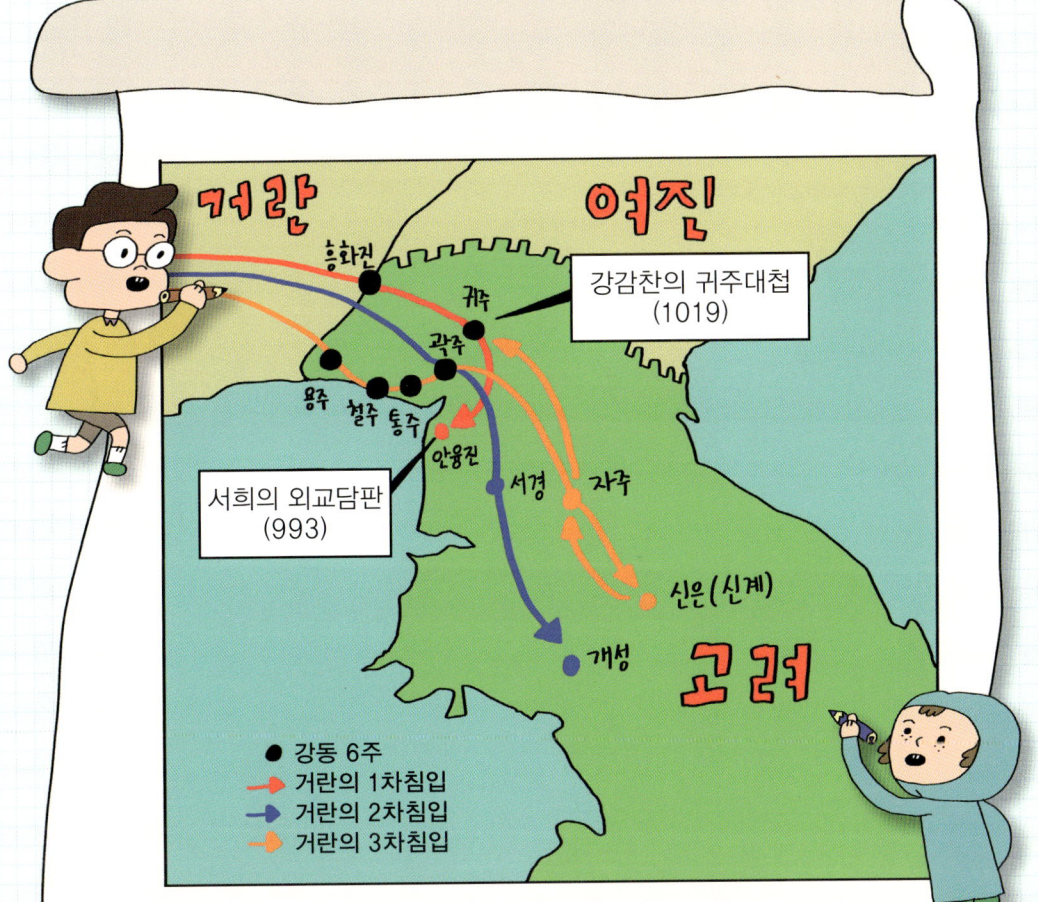

연도	북방민족	장군	활약
993	거란 1차	서희	외교담판, 강동6주
1010	거란 2차	양규	거란군 격파
1019	거란 3차	강감찬	귀주대첩, 천리장성

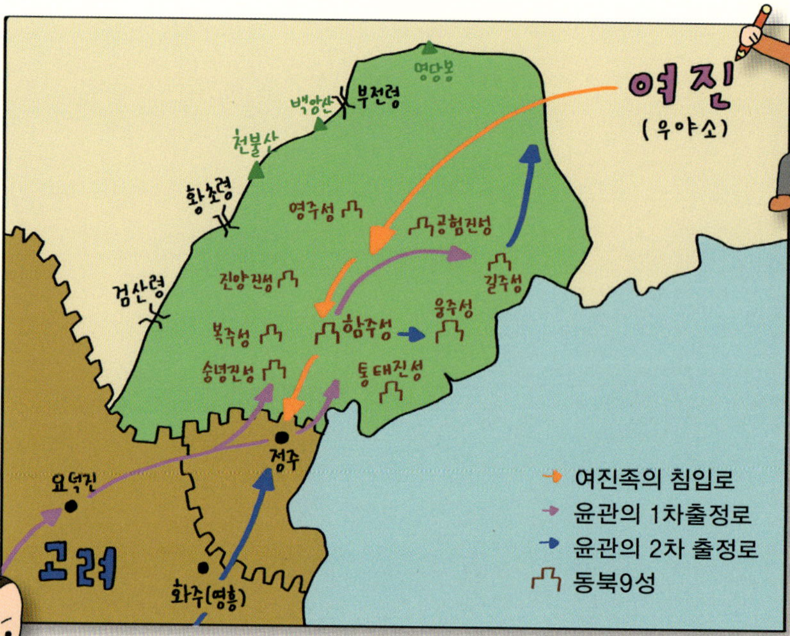

연도	북방민족	장군	활약
1107	여진	윤관	별무반, 동북9성

 **질문 둘,**
우리나라의 영문명인 'KOREA'는 누구 덕분에 유럽에 널리 알려지게 되었는지 분명히 아는 친구가 있네요. 누군지 찾아줄래요?

몽골 사신이지, 아마!

가장 교류가 활발했던 송나라 사신이야!

 질문 하나,
고려와 교류한 나라들에 대해 알고 있지요? 어떤 나라들이 있는지 이야기해 보세요. 너무 쉬운가요?

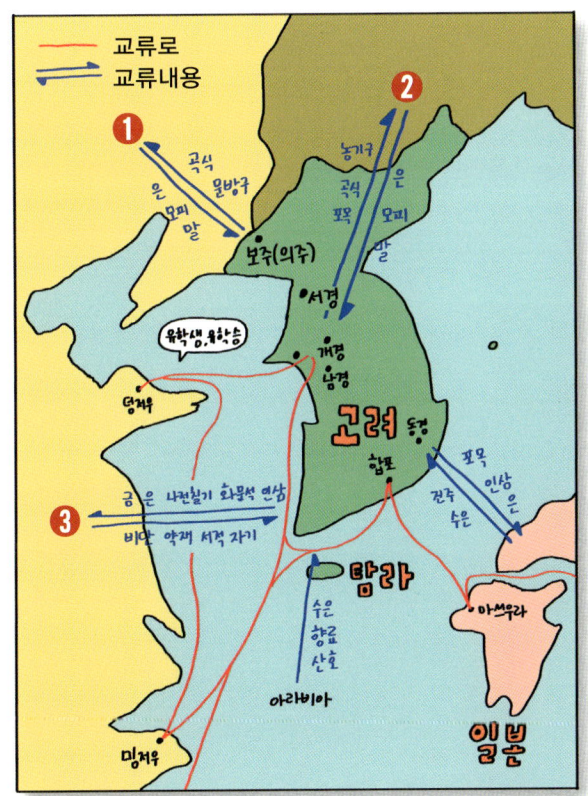

❶ _____
❷ _____
❸ _____

쏠라, 쏠라!
아라비아 상인 아니야?

정답! 여진 사신!

? _____

● 정답은 222쪽에서 확인하세요!

고려 전기 시대로 시간여행을 떠난다면?

1. 생생한 벽란도 영상을 만나러 가자
● 국립중앙박물관 고려실

고려를 대표하는 문화 유산이 한 자리에 모여 있네.

연표와 왕 계보도가 있어서, 고려의 역사를 한눈에 알 수 있지.

국립중앙박물관 고려실은 고려의 역사를 공부하기에 제일 좋은 곳입니다. 고려의 역사와 문화유산을 한눈에 볼 수 있어요. 무엇보다도 우리가 직접 가볼 수 없는 개성 만월대와 벽란도의 모습을 애니메이션 영상으로 확인할 수 있는데, 고려가 얼마나 화려한 문화를 가진 나라였는지 알 수 있답니다.

2. 별이 떨어지고 강감찬 장군이 태어났어요!
● 낙성대와 안국사 사당

강감찬 장군이 태어난 곳은 서울 관악구에 있는 낙성대라는 곳입니다. 장군이 태어날 때 하늘에서 별이 떨어졌다는 전설에 따라 이곳을 낙성대라고 합니다. 강감찬 장군이 살았던 집터에는 기념비석이 세워져 있어요. 주택가 건물 사이에 있어 처음 찾은 사람은 주변 풍경에 놀라기도 합니다. 집터에서 멀지 않은 곳에 강감찬 장군을 기리는 낙성대 공원이 있습니다. 그곳에는 말을 타고 하늘을 달리는 듯한 멋진 장군의 동상과 사당을 볼 수 있습니다.

> 위인은 태어날 때부터 특별하게 등장하는 것 같아.

2. 억울하고 또 억울하오
● 파주 윤관 장군 묘

> 말과 가마무덤도 찾아 봐야지.

여진족을 물리치고 아홉 개의 성을 쌓은 윤관 장군. 백성들의 환호와 임금님의 축하를 받으며 돌아왔을 것 같지만 아니었어요. 윤관을 싫어하는 반대파들이 윤관을 모함하여 전쟁에 승리하고도 벼슬을 빼앗기고 조정에서 쫓겨났습니다. 윤관은 너무나 억울해하며 한 많은 삶을 살다가 파주 고향 땅에 묻혔습니다. 윤관 장군 무덤은 경치가 좋기로도 유명합니다. 그리고 생전에 탔던 말과 가마를 무덤 입구에 함께 묻어 두었으니 꼭 찾아가 보길 바랍니다.

19 열아홉 번째 여행

고려 제일의 축제
팔관회와 연등회

불교를 대표하는 축제

✱ 한국사 탐험을 떠나기 전 미리 생각해 올 것!

고려시대 절은 기도만 올리는 곳이 아니에요. 절은 어떤 일을 하는 곳인지 탐방을 다니면서 잘 찾아보세요. 또, 절에서 만날 수 있는 보물이 무엇일지 생각해 보아요.

✱ 준비물

소원을 적은 종이, 필기구, 수첩, 여권

연표

- 1031년 초조대장경 판각
- 1086년 의천, 흥왕사 주지가 됨
- 1095년 숙종 즉위
- 1107년 윤관 여진족 정벌, 동북9성

먹을 것도 많겠지?

야호! 축제에 간다!

개경으로 가는 길에 만난 담진 국사

이거 완전 망했어요. 고려 관리가 미처 우리 가마까지 준비하지 못했다고 개경까지 걸어가야 된대요. 세 시간쯤 가야 된다고 하는데 매번 차만 타고 다녔지 그렇게 많이 걸어 본 적이 없거든요. 하지만 어쩌겠어요. 걸어가야죠.

"아이구, 이거 정말 죄송하게 되었습니다. 이상하게 몽골 사신이 명단에 빠져 있어서 가마 수가 부족하군요. 가는 길에 흥왕사를 거쳐야 하니 거기서는 가마를 준비해 두라 하겠습니다."

한 시간쯤 걸은 것 같아요. 앞쪽에서 웅성웅성 소리가 나더니 행렬이 멈췄어요.

무슨 일일까요? 호랑이라도 나타난 걸까요? 누가 온 것 같아요. 안내하는 관리 옆에 웬 스님이 한 분이 함께 오고 계셨어요.

"아미타불~ 반갑습니다. 본승은 담진이라 합니다. 저 역시 팔관회에 참석하기 위해 개경으로 돌아가던 길인데 먼 길을 걸어가는 분들이 계시다는 이야기를 듣고 함께 걸어가고자 이렇게 왔습니다."

선생님은 영광이라며 함께 걷게 된 것이 무척 즐거운 눈치였어요.

그나저나 담진 스님은 누굴까요? 담진 국사는 의천 스님의 뒤를 이어 국사가 되신 분이래요. 아참 국사가 뭐냐구요? 고려를 대표하는 두 스님이 계세요. 한 분은 왕의 스승인 왕사 그리고 한 분이 바로 나라와 백성의 스승인 국사이지요. 둘 중에 누가 더 높냐구요? 글쎄요 왕이 높은 건가요? 나라와 백성이 높은 건가요? 그건 선생님도 모른다고 했어요. 아마 고려 사람들도 모를 거랬어요. 왜냐면 역할이 다를 뿐 법으로는 두 분 다 가장 높은 위치이기 때문이에요.

아무튼 우린 담진 스님과 함께 걸으면서 고려 불교에 대해 정말 많이 배웠어요. 담진 스님은 의천 스님을 무척 존경하셨대요. 함께 일한 적도 많은데 의천 스님이 마흔일곱의 나이에 일찍 돌아가셔서 많이 슬프셨나 봐요.

고려 제일의 축제 팔관회와 연등회

✻ 대각국사 의천 진영 ✻

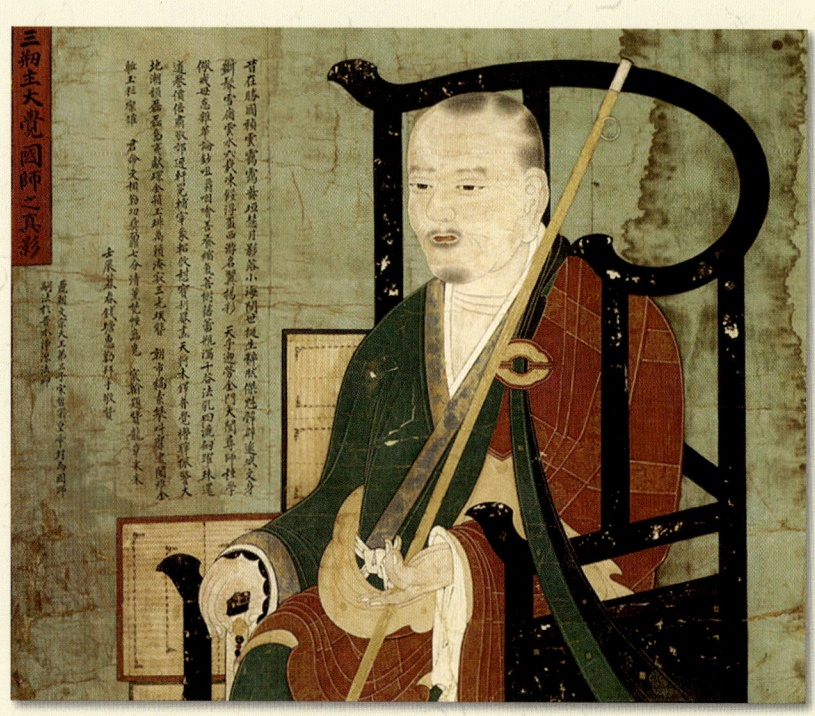

고려 후기의 보조국사 지눌과 더불어 고려를 대표하는 스님이에요. 문종의 넷째 아들로 태어나 11살 나이에 스님이 되셨어요. 책을 좋아해 불교 경전 외에도 다양한 책을 많이 읽고 공부해 스무 살이 될 무렵 고려에서 손꼽히는 똑똑한 스님이 되었어요. 하지만 의천 스님은 스스로 부족함을 느꼈는지 아버지의 반대를 뿌리치고 중국으로 유학을 떠났어요. 2년간 인도와 중국의 뛰어난 스님들께 배우고 삼천여 권의 불교 책을 구해 고려로 돌아오셨어요. 그때 고려는 스님들이 두 파로 나뉘어 서로 싸우고 있었는데 의천 스님은 천태종을 만들어 두 파를 합치려고 많은 노력을 기울이셨답니다.

불교 국가 고려

　의천 스님이 돌아가신지 얼마 안 됐다는 이야기를 듣고 우리는 정말 아쉽고 억울했어요. 시간을 조금만 더 과거로 해서 도착했다면 혹시 만날 수 있지 않았을까 싶었죠. 하지만 그건 우리 마음대로 할 수 없는 일인 걸요. 아무튼 의천 스님과 송나라를 여행할 때 있었던 이야기를 많이 해주셨어요. 인도 스님이든 중국 스님이든 의천 스님의 학식에 다들 엄청 놀라셨대요. 고려로 돌아와서는 왕의 명령으로 함께 대장경을 만드는 일도 맡은 적이 있다고 하니 저흰 깜짝 놀랐어요. 똑똑이가 팔만대장경이냐고 물었는데 담진 스님은 팔만대장경이 뭐냐고 물으셨죠? 선생님이 아무것도 아니라고 둘러대셨는데 생각해보니 팔만대장경은 나중에 다시 만든 거더라구요. 시간 탐험을 하면 가끔 헷갈릴 때가 있거든요. 담진 스님은 그냥 웃으시면서 흥왕사에 가면 대장경을 보여주시겠다고 했습니다. 고려시대에 만든 대장경을 직접 보게 될 생각을 하니 떨 듯이 기뻤어요.

　고려는 백성과 귀족 왕이 모두 불교를 믿는 불교 국가라서 스님이 되는 것을 아주 좋게 생각한다고 하셨어요. 하지만 그렇다고 온 백

성이 다 스님이 될 수는 없기 때문에 승과라는 과거 시험을 봐야만 했어요. 원래는 승과에 통과한 사람만 스님이 되어야 하지만 그냥 절에 와서 스님처럼 사는 사람도 많대요. 나라에서는 이들을 찾아내 다시 집으로 보낸다고 골치가 아프대요. 암튼 왕자나 귀족 중에서 스님이 되는 경우는 별로 특별한 일이 아니라고 해요.

원래 우리나라에 전해진 불교는 부처님의 말씀을 적은 경전을 열심히 공부하는 '교종'이었어요. 그런데 고려가 세워질 무렵 새로운 불교의 공부 방식이 전해졌어요. 그것은 명상을 통해 깨달음을 얻는 방법이었죠. 명상을 중요시하는 불교는 '선종'이라고 해요. 사실 교종이나 선종이나 모두 깨달음을 얻기 위한 방법인데 고려시대에는 서로 자기의 방법이 더 중요하고 훌륭하다며 싸우는 일이 많아졌어요. 의천 국사는 바로 이것을 화해시키려 노력하셨던 거죠.

스님과 얘기하다 보니 흥왕사에 거의 다 도착했어요. 날도 많이 어두워졌어요. 다리도 무지 아파요. 어, 그런데 색색깔 화려한 연등이 보이기 시작했어요. 부처님 오신 날도 아닌데 연등이 이렇게 많다니…. 흥왕사 입구에는 많은 스님들이 나와 우리를 기다리고 있었어요.

흥왕사의 대연등회

흥왕사 주지스님이 직접 나오셔서 우리들을 따뜻하게 맞이해 주셨어요.

"담진 국사님 어서 오십시오. 여러 나라의 사신단 여러분도 기다리고 있었습니다."

흥왕사는 고려에서 손꼽히는 큰 절인데 여기 있는 스님만 1,000명이 넘는대요. 건물이 어찌나 많은지 궁궐에 들어온 줄 알았어요.

밤이 늦었지만 절 곳곳에 등이 달려 있어 경내는 아주 환했어요. 부처님 오신 날이 되면 우리 동네에도 절과 길에 연등이 걸리는데 흥왕사 연등에 비할 수가 없었어요.

어린 스님 한 분이 오셔서 우리를 숙소로 안내해 주셨어요. 숙소로 가는 길에 스님에게 흥왕사에 대해 여러 가지 이야기를 들을 수 있었어요.

흥왕사는 문종 임금님 때 만들어졌대요. 왕실을 위해 만든 절인데 규모가 커서 만드는 데만 10년이 걸렸대요. 첫 번째 주지 스님은 유명한 의천 국사셨어요. 의천 스님을 따르기 위해 전국에서 몰려든

　스님이 너무 많아 그중 1,000명만 뽑아 절에 머물게 하셨나 봐요. 우리를 안내하는 스님은 그 후에 들어 온 분이지만 마치 자신이 뽑힌 듯 자랑스러워했어요.

　흥왕사가 만들어지고 나서 임금님이 친히 참석하는 대연등회가 열렸는데 무려 9일을 밤낮으로 연등을 밝혀 놓았다고 해요. 원래 등을 밝히는 축제인 연등회는 1월 15일이나 2월 15일에 열리는 것이 맞지만 흥왕사는 특별한 절이다 보니 때때로 이렇게 찬란한 연등을 밝혀 놓기도 한대요. 오늘은 담진 국사님과 여러 나라에서 온 사신단을 맞이하기 위해 등을 밝혀 놓았다고 하니 뭔가 대접받는 느낌이 들어 기분이 아주 좋았어요.

흥왕사 주변은 성벽이 둘러쳐져 있었어요. 절을 보호하기 위해 만든 거래요. 왕실에서 내려준 금과 은으로 탑을 만들고 그 안에 송나라에서 받은 대장경을 보관하고 있대요. 흥왕사는 보물절로 불려도 충분한 곳인 것 같아요.

스님의 이야기를 듣는 동안 우리는 숙소에 도착했어요. 짐을 풀고 있으면 밥과 나물 반찬을 가져다주신댔어요. 저흰 나물보다 고기가 좋지만 절에서 고기를 찾을 순 없겠죠? 우린 무지 배가 고파서 밥과 나물을 신나게 비벼 먹었어요.

그때 스님의 목소리가 들렸어요.

"식사 다 하셨나요? 담진 국사님이 몽골 왕자님들을 장경판전으로 모셔 오라 하셨습니다."

우린 신나서 밥 먹다 말고 모두 대장경을 보러 뛰어나갔어요.

위대한 고려대장경

장경판전 앞에는 담진 국사님이 기다리고 계셨어요.

"어서 오시오. 먼 여정에 피곤하시겠지만 대장경은 고려의 보물이니 꼭 보여드리고 싶었습니다. 이곳 흥왕사에는 송나라 대장경도 있고 우리 고려의 대장경도 있답니다."

담진 국사님은 빙그레 웃으며 장경판전 안으로 우릴 데려갔어요.

"우와~ 대단해. 이렇게 많은 게 다 대장경인가요?"

옆에 서 계셨던 한탐 선생님이 대장경에 대해 설명해 주셨어요.

"대장경은 불교의 모든 경전을 모은 종합백과사전이라 할 수 있어요. 부처님이 돌아가신 후 제자들이 모였는데 저마다 부처님 말씀을 다르게 기억하고 있는 거예요. 그래서 서로의 기억을 비교해 부처님의 말씀을 모으기 시작했는데 그 양이 어마어마하게 많았던 거지요. 사실 부처님은 45년간 인도 곳곳을 다니면서 많은 말씀을 남기셨어요. 그러니 제자들이 기억하는 일도 많을 수밖에 없었겠죠? 네 번에 걸쳐 제자들이 모여 부처님이 남긴 이야기를 정리했답니다. 그리고 그것을 다시 모두 함께 외웠대요."

"우웩~ 그걸 다시 다 외워요? 그때는 글자가 없었어요? 왜 계속 외웠어요?"

선생님이 계속 설명해 주셨어요.

"글자가 없었던 것은 아니에요. 그건 제자들이 생각하기에 부처님의 말씀을 외우고 있는 것이 더 좋은 일이라 여겼던 모양이지요. 하지만 시간이 지나자 다시 사람들은 자기의 기억이 옳다고 주장하며 서로 싸우는 일이 잦아졌어요. 그래서 이번에는 글로 남기게 되었고 때마침 불교를 받아들인 중국이 인도 말을 중국 한자로 바꿔 경전을 만들었던 거예요. 그게 바로 송나라의 관판대장경이지요. 송나라 대장경은 만들어진지 8년 만에 고려에 전해졌어요."

● 초조대장경 인쇄본

"몽골 사신께서 이리 소상히 알고 계시다니 정말 놀랐습니다."

담진 국사님이 놀랄만하죠? 우리 선생님은 역사와 문화재에 있어서는 대한민국 박사인걸요! 우리가 시간여행을 왔다는 얘기를 할 수도 없고 입이 근질근질해서 혼났어요.

담진 국사님은 기분이 몹시 좋은 듯 보였어요. 담진 국사님은 고려의 대장경을 하나 꺼내서 보여주셨어요. 우리는 모두 말은 안 했지만 정말 정말 가슴이 두근거렸어요.

나중에 선생님께 들었지만 이때 만들어진 대장경은 나중에 몽골의 침입 때 불타고 말았대요. 목판은 불타버렸지만 다행히 인쇄된 경전이 여러 박물관에 남아 있다고 하니 집으로 돌아가면 꼭 찾아가 보기로 했어요.

고려 제일의 축제 팔관회와 연등회

흥왕사에서 보낸 하룻밤

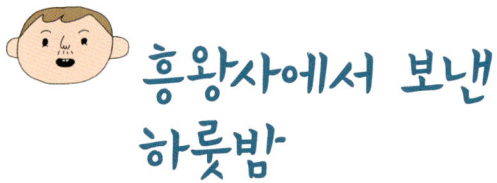

 결국 선생님은 똑똑이와 상상이를 데리고 흥왕사를 더 구경하기로 했어요. 아. 물론 늦은 밤이어서 우리끼리는 안 된다며 어린 스님이 안내해 주셨어요. 스님의 나이는 우리 또래로 보였어요.
 "고려에는 처음 오셨나 봐요? 내일 아침 일찍 떠나실 테니 밤늦더라도 제가 흥왕사 구석구석을 안내해 드리겠습니다. 혹시 가보고 싶

은 곳이 있으신가요?"

선생님은 감사의 말씀을 드리며 절 안에서 책을 만드는 곳을 가보고 싶다고 하셨어요.

스님은 자랑스러운 표정으로 우릴 안내했어요.

"바로 이곳입니다. 이곳은 불교의 경전뿐 아니라 왕실이나 관청에서 쓰이는 종이를 만들기도 하고 책을 엮기도 하지요. 귀족들이 보는 책도 이곳에서 만들어집니다. 우리 고려의 목판인쇄술은 송나라와 더불어 세계 제일을 다툰답니다. 물론 종이 품질은 우리가 최고예요. 하하하."

고려의 종이가 천하제일이라는 것은 이미 벽란도에서 들은 얘기지만 종이가 이곳 절에서 만들어질 줄은 몰랐어요. 다음으로 들른 곳은 은행 역할을 하는 건물이었어요. 고려시대에도 은행이 있을까 싶었지만 놀랍게도 돈을 빌려주고 보관하는 일을 절에서 하고 있었어요. 절은 사람들이 잠을 자고 가거나 밥을 먹고 갈 수 있도록 숙소와 식당도 운영했어요. 지금은 밤이라 사람이 없지만 낮이 되면 백성들이 절문 앞에서 물건을 사고파는 시장을 열기도 한대요. 어떤 절은 대장간이나 공방이 있어 농기구나 장신구를 만들기도 한대요.

우린 절이 불공을 드리고 기도만 하는 곳인 줄 알았는데 시장, 은행, 여관, 식당, 상점, 공장, 출판사, 서점 역할까지 하다니 정말 고려의 절은 대단한 곳이에요. 선생님은 고려의 절은 백성들에게 생활공간과도 같은 곳이라고 말씀하셨어요.

고려 제일의 축제 팔관회와 연등회   **85**

절은 건물만 있는 것이 아니라 소유한 땅도 무지 넓었어요. 많은 백성들이 절에 세금을 내며 절 땅을 빌려 쓴다고 해요. 얼마나 넓은지 나무나 돌로 장생표를 세워 절 땅의 경계를 표시한대요. 그러고 보니 5학년 형 교과서에서 통도사 석장생표 사진을 본 기억이 나요.

다리 아픈 줄 모르고 스님을 따라 흥왕사 곳곳을 다녔어요. 오늘 이곳 흥왕사에서 보낸 밤은 평생 기억할 것 같아요. 진짜 좋았거든요.

● 통도사 석장생표
통도사가 소유한 땅을 표시한 돌이에요. 절에서 활발한 경제활동이 이루어졌다는 것을 알 수 있어요.

개경에 들어가다

스님들의 예불 소리가 고요한 새벽에 웅장한 합창처럼 들렸어요.

밖은 아직 깜깜한 것 같은데 부스럭부스럭 여기저기 숙소에서 사람들이 일어나는 소리가 들렸어요. 시계를 봤더니 세상에~ 새벽 4시에요. 우린 이 시간에 일어나 본 적이 한 번도 없거든요. 밖에서 어린 스님의 목소리가 들렸어요.

"사신단 분들 일어나십시오. 곧 아침 식사를 준비하겠습니다. 해 뜨기 전에 개경으로 출발하셔야 하니 짐을 챙겨두십시오."

이런 세상에! 잠도 안 깼는데 밥 먹고 출발이라니요. 하지만 어쩌겠어요. 우린 몽골 사신단 행세를 해야 하니 시키는 대로 할 수밖에요. 다행인 건 오늘은 가마를 타고 간다는 거지요.

가는 동안 선생님은 팔관회에 대해 말씀해 주셨어요. 팔관회는 불교행사이지만 고려에서 제일 크고 신나는 축제이기도 하대요. 빨리 가고 싶어졌어요. 완전 재밌을 것 같아요.

개경에 들어선 우리는 정말 놀랐어요. 어제 북한에서 보았던 개성과 완전 달라요. 송악산의 모습만 같고 텅 빈 만월대가 화려한 궁궐

로 변신했어요. 거리에는 사람들이 와글와글 색색깔 비단옷을 입은 귀족들이 정말 많아요.

사신단은 고려의 임금님을 뵙게 위해 궁궐로 들어갔어요. 가슴이 쿵쿵 긴장됐지만 선생님은 조용히 사신단 사이에 있기만 하면 된다고 했어요.

아쉽지만 드리워진 면류관에 가려져 임금님의 얼굴은 자세히 볼 수가 없었어요. 각 나라 사신단은 차례로 인사를 드리고 각자의 자리로 가서 앉았어요. 우리 차례였어요.

"몽골에서 사신이 온 것은 이번이 처음인 것 같은데 먼 길 오느라 수고가 많았소. 왕자들도 넷이나 왔으니 내 그대들을 맞이함에 소홀함이 없도록 얘기해 둘 터이니 편히 지내시오. 그리고 오후에 법왕

사에서 열리는 팔관회에 참석하시구려. 아주 만족스러울 것이오."

임금님은 기쁘게 환대해 주셨지만 우리는 머리카락이 쭈뼛 서는 느낌이었어요. 하지만 선생님은 태연한 척 감사 인사를 드리고 자리로 오셨어요.

팔관회가 열리는 법왕사는 궁궐에서 멀지 않았어요. 법왕사는 태조 왕건이 만든 절이래요. 크기는 흥왕사보다 작지만 팔관회 때마다 고려의 왕이 참석하는 아주 중요한 절이었어요. 이미 아침부터 법왕사 주변에 개경 백성과 귀족들이 빽빽하게 몰려들었어요. 외국에서 온 상인들도 다 여기에 와 있는 것 같았어요. 어떤 축제가 펼쳐질지 정말 궁금해요.

고려 제일의 축제 팔관회와 연등회

 고려 최대의 축제 팔관회

선생님은 점심을 빨리 먹자고 했어요. 축제기는 하지만 불교의 행사이기도 하다 보니 살생을 금지하는 교리에 따라 오후만큼은 따로 음식을 하지 않는대요.

우리를 안내하는 관리의 말이, 팔관회는 3일 동안 열리는데 오늘이 첫날이라 임금님이 법왕사에 행차하시는 거래요. 이미 사신들이 앉을 자리와 커다란 무대가 곳곳에 마련되어 있다고 했어요. 각 지방에서 선물을 실은 수레가 궁궐로 계속 들어왔어요. 궁궐 한쪽 마당에서는 화려한 옷과 화장으로 치장한 무희들이 춤을 연습하고 있었어요.

　오후가 되어 법왕사로 갔어요. 분위기가 특이했어요. 부처님 뿐만 아니라 산신, 용신, 천령(수많은 영혼)에게 제사를 지내는데 뭔가 웅장하면서도 신비로웠어요.

　제사가 끝나자 사람들은 임금님을 따라 위봉루로 이동했어요. 위봉루 앞 정원에는 큰 무대가 설치되어 있었어요. 아까 연습하던 무희들이 나와 춤을 추었고 악사들의 연주가 시작되었어요. 음악과 어우러진 춤은 꽤 볼만했어요. 장난이는 옆에서 춤을 따라 했는데 주변에 있던 사람들이 그 모습을 보면서 배꼽을 잡았어요. 가무는 끊

이지 않았어요. 경연 대회처럼 여러 팀이 올라와 장기를 펼치는데 정말 시간 가는 줄 몰랐어요.

밤이 되니 사람들은 술과 음식을 먹기 시작했어요. 여기저기서 노랫소리가 들리고 금방 왁자지껄한 분위기가 되었어요. 우리도 계속 놀고 싶었지만 선생님이 눈치를 줬어요. 아! 시간 터널! 우린 서둘러 말을 타고 벽란도로 돌아갔어요. 벽란정의 관리는 우릴 보고 놀랐지만 두고 온 물건이 있다는 말에 문을 열어 주었어요. 시간 터널이 화장실에 있다는 것이 싫지만 할 수 없잖아요. 선생님이 우릴 시간 터널로 차례로 밀어 넣었어요. 으아~

주위를 둘러보니 저 멀리 북한 군인들이 보였어요.

"이봐~ 도대체 어딜 다녀온 거요~ 한참을 찾지 않았소. 만월대에서 오신 정 박사님이 기다리고 있으니. 어서 갑시다."

휴~ 우리는 가슴을 쓸어내렸어요. 북한 군인은 꿈에도 생각하지 못하겠죠? 우리가 어딜 다녀왔는지. 이번 시간여행은 정말 꿈같았어요. 어서 정 박사님을 만나 고려에서 겪은 이야기들을 들려 드리고 싶어요.

고려 축제 홍보 포스터 만들기

연등회
일시
: 11월 14일
~15일
참가자
: 고려인이면
누구나
체험
: 소원빌기,
연등만들기,
탑돌이

팔관회
일시
: 1월 15일
참가자
: 외국인도
대환영
체험
: 사찰음식
만들기,
불교장식품
만들기

질문 하나,
고려의 불교는 공부하는 방법에 따라 두 가지로 나뉘었어요.
선종과 교종을 설명과 연결해 보아요.

- 선종 ┐ 경전 공부를 통해 깨달음을 얻으려 했어요.
- 교종 └ 명상과 참선을 통해 깨달음을 얻으려 했어요.

질문 둘,
고려시대를 대표하는 불교행사는 무엇인가요?

- (   ) 불교의식 뿐만 아니라 용, 산신 등에게도 제사를 지냈어요.
고려 최대의 축제로 외국 사신들도 참여했어요.
- (   ) 수많은 등불을 밝히고 행렬을 지어 다니며 소원을 빌었어요.
지금도 전해 내려오고 있어요.

질문 셋,
왕자로 태어났지만 스님이 되신 분이에요. 중국 유학 후 돌아와 천태종을 열고 선종과 교종을 합하기 위해 노력한 이 분은 누구일까요?

? ~~~~~~~~~~~~~~~~~~~~~~~~~~~~~~

질문 넷,
저런, 고려시대 불교에 대한 설명으로 잘못 알고 있는
친구가 있어요. 누구일까요?

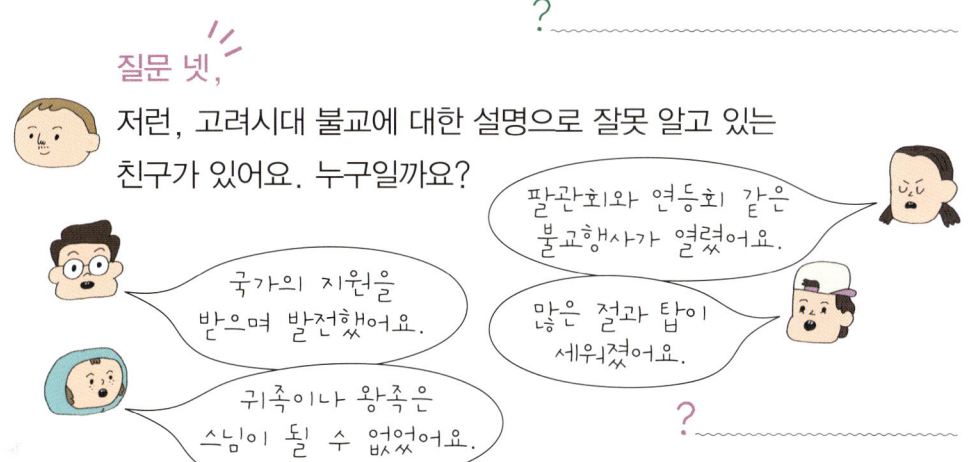

• 정답은 222쪽에서 확인하세요!

고려 불교문화의 현장으로 시간여행을 떠난다면?

1. 땅 부자 고려의 사찰

● 양산 통도사 장생표

고려의 절은 국가의 지원을 많이 받았습니다. 나라에서는 큰 절에 재물과 노비, 땅을 내려주었습니다. 절이 가진 땅은 점점 늘어났는데 장생표를 세워 땅의 경계를 나타낼 지경이 되었습니다. 절에서 땅을 빌려 농사짓는 농민도 무척 많아졌습니다. 경상남도 양산의 통도사에 가면 지금도 고려시대에 만들어진 장생표가 남아 있습니다.

2. 북한산 승가사를 함께 찾은 숙종과 의천 국사 형제

● 북한산 승가사

왕이 된 숙종은 동생인 의천과 함께 북한산 승가사를 방문했습니다. 북한산 승가사는 경치가 매우 아름다운데 개경을 떠나 남경(서울)으로 행차하는 고려의 왕들이 자주 들른 절입니다. 숙종은 이곳에서 새로운 정치를 꿈꾸었습니다. 형과 함께 온 의천은 선종과 교종이 화해하고 함께 할 수 있는 불교를 꿈꾸었던 곳이니 우리도 이곳에서 자신만의 꿈과 목표를 세워보는 것은 어떨까요?

3. 중요무형문화재 연등회 축제현장을 찾아서
● 서울 청계천과 진주 남강

연등회는 지금도 이어져 오는 천 년이 넘는 축제입니다. 고려시대에는 겨울에 연등회가 열렸지만 요즘은 부처님 오신 날인 음력 4월 1일을 전후하여 전국 사찰에 연등이 걸립니다. 아마 여러분도 한 번쯤은 보았을 겁니다. 연꽃 모양의 연등이 줄을 지어 밤을 밝히면 아주 아름답지요. 서울과 진주는 이 연등을 인물, 배, 꽃, 동물, 캐릭터 등 다양한 모습으로 만들어 축제를 엽니다. 특히 진주남강유등축제는 대한민국 1등 축제로 여러 번 손꼽힐 만큼 아름답다고 합니다.

4. 초조대장경 인쇄본을 간직한 박물관
● 국립중앙박물관, 호림박물관, 리움박물관, 성암고서박물관

왜 일본에 더 많지?

대장경은 고려의 높은 인쇄 수준을 보여주는 귀중한 유물입니다. 대구의 부인사에서 잘 보관해 오던 것이 안타깝게도 몽골의 침입으로 모두 불타버렸습니다. 하지만 목판으로 인쇄한 책은 2,000권 넘게 남아 있습니다. 대부분은 일본에 남아 있지만 우리나라에도 300여 권이 남아 있다고 합니다. 국립중앙박물관, 호림박물관, 리움박물관, 성암고서박물관에 가면 천 년 전 고려의 유물을 만날 수 있습니다.

일본은 옛날에 구한 것을 수 백 년 동안 잘 보관한 것이야. 이건 우리가 배워야 할 점이기도 해.

20 스무 번째 여행
천하제일 비색 청자

고려청자

한국사 탐험을 떠나기 전 미리 생각해 올 것!

도자기와 토기는 어떻게 다를까요?
청자는 누가 가장 먼저 만들었을까요?
청자를 사용한 사람들은 누구일까요?
청자를 감상하는 방법은 따로 있을까요?

준비물

흙이 묻어도 좋은 옷,
장갑, 필기구, 수첩

연표

- **1123년** 송나라 사신 서긍, 고려도경에 고려청자를 소개함
- **1126년** 이자겸의 난
- **1135년** 묘청의 서경천도운동
- **1145년** 김부식 [삼국사기] 편찬
- **1147년** 고려사에 청자기와 관한 내용 등장

청자라면, 신비한 푸른빛 도자기 아니야?

예쁜 모양의 그릇이 많던데.

간송 미술관 고려청자 특별전

선생님은 청자 탐방 여행을 떠나기 전 이곳에서 꼭 볼 것이 있다고 했어요. 똑똑이 말처럼 바로 간송 특별전이었어요. 간송은 전형필 선생님의 호인데 그분이 모은 유물 중 청자를 전시하고 있다고 해서 이곳을 찾게 된 것이래요.

"그런데 왜 이걸 꼭 봐야 돼요? 청자 여행을 가면 어차피 많이 볼 텐데."

저는 이 오리모양 도자기를 가지고 싶어요.

"청자는 다른 박물관에서도 볼 수 있지만 간송 선생님이 모으신 청자는 그중에서도 아주 특별해요. 서울 성북구에 있는 간송미술관은 우리나라에서 처음 만들어진 박물관 중 하나예요. 간송 선생님은 일제강점기 때 외국으로 팔려나가는 도자기와 그림들을 사 모으셨어요. 집안에 돈이 아무리 많다 해도 모든 문화재를 다 살 수는 없었지. 그래서 스스로 공부하며 중요한 문화재부터 모으고 지키셨어요. 겸재 정선, 혜원 신윤복, 단원 김홍도 등 우리나라를 대표하는 화가들의 그림뿐 아니라 훈민정음해례본처럼 귀중한 서적도 많이 모으셨지요. 특히 간송 선생님이 사 모은 청자는 유명한 것이 정말 많아요. 국보로 정해진 것만 다섯 점인데 오늘 여기서 다 볼 수 있답니다. 기대해도 좋아요."

우와~ 엄마랑 아기원숭이가 같이 있는 청자라니. 진짜 귀여워요.

● 청자오리모양연적(국보74호)과 청자원숭이모자연적(국보270호)

전시실에는 정말 예쁜 청자들이 많았어요. 이 도자기들은 원래 영국 사람이 가지고 있었는데 간송 선생님이 한꺼번에 엄청난 돈을 주고 산 거랬어요. 그런데 왜 영국 사람이 청자를 가지고

천하제일 비색 청자 **101**

있는지 궁금했어요. 청자는 원래 대부분 고려인들의 무덤 속에 들어 있었는데 일제강점기 때 일본 사람들이 무덤을 파헤쳐서 청자를 훔쳐 갔대요. 일본 사람들은 도자기를 무척 좋아하는데 자신들이 만들어 보지 못한 청자에 관심이 많았대요. 그래서 우리나라를 차지하자 고려청자를 마음대로 훔쳐 자기 나라로 가져간 것이지요. 간송 선생님이 구입한 청자는 바로 일본에 살던 영국인이 일본인들에게 돈을 주고 사 모았던 청자였대요.

이야기를 듣고 우리는 분노했어요. 아니 우리 문화재를 훔쳐 가다니. 그것도 무덤 속에 있는 것을 말이지요. 선생님은 우리에게 흥분을 가라앉히라고 했어요. 그리고는 우리 청자에 대해 자세히 아는 것이 먼저가 아닐까라고 말씀하셨어요. 맞아요. 우리 문화재를 우리가 알지 못하면서 일본을 욕한다면 도리어 비웃음 당할지도 몰라요. 우리는 청자에 더 열심히 알아보자고 함께 결심했어요.

굳은 결심 뒤 선생님 차를 타고 강진으로 출발했지만 금방 지쳐서 잠들어 버렸어요. 강진은 남쪽 끝 바닷가에 있는 도시여서 서울에서 가는 데만 4시간이 넘게 걸렸어요.

강진청자박물관으로 떠난 아이들

강진청자박물관에 도착하자 박물관에서 일하시는 이현서 학예사 님이 우릴 맞이해 주셨어요.

천하제일 비색 청자

선생님은 지난번 개성에 만났던 정 박사님의 제자라고 했어요. 우리 한탐 선생님과도 잘 안다고 하셨어요. 한탐 선생님은 궁금한 것이 있으면 학예사 선생님께 여쭤보라고 했어요.

역시 똑똑이가 제일 먼저 질문했어요. 청자를 가장 많이 사용한 곳은 고려의 도읍지인 개경인데 왜 이렇게 먼 곳에서 청자를 만들었는지 궁금하댔어요. 학예사 선생님은 날카로운 질문이라며 놀라워 하셨어요.

사실 고려시대에 도자기를 만든 곳은 이곳 강진뿐 아니라 전국 곳곳에 있었대요. 하지만 어느 곳에서도 중국과 같은 푸른 빛깔의 청자를 만들어 내지는 못했나 봐요. 지금은 도자기를 쉽게 만들 수 있지만 천 년 전, 이 세상에서 도자기를 만들 수 있는 나라는 오직 중국의 송나라 밖에 없었대요.

"청자 색깔을 내기가 어려우면 백자부터 만들면 되잖아요?"

그건 도자기를 잘 모르기 때문에 하는 말이래요. 도자기는 크게 청자와 백자로 나뉘는데 백자를 만들기 위해서는 청자보다 훨씬 어려운 기술이 필요하대요.

청자를 만들기 위해서는 원료가 되는 흙을 찾아야 하고 1200도가 넘는 불을 오랜 기간 유지해야 된대요. 물론 엄청나게 뜨거운 불을 견뎌내는 유약이 필요하기도 하구요. 그래서 청자는 토기나 옹기와는 비교가 안 되는 고급스러운 그릇으로 여겨졌대요. 가격도 엄청 비싸서 일반 백성들은 엄두도 내지 못해 귀족과 왕족만 쓰는 그릇이

● 청자 가마터

청자를 구웠던 가마터에서 파기장에 의해 깨진 청자 파편이 많이 발견되었어요.

었어요.

 학예사 선생님은 우리를 도자기를 만들던 가마터로 안내했어요. 이곳에 강진에서 처음 푸른빛의 고려청자가 탄생한 비밀이 있다고 했어요. 가마터 주변에는 깨진 청자 파편이 산더미처럼 펼쳐져 있었어요.

청자를 만드는 일은 정말 어렵고 힘들어

깨진 파편 더미에 무슨 비밀이 있다는 거죠?
아무리 봐도 우린 알 수 없었어요.

학예사님이 말한 정답은 '노력'이었어요. 그것도 '눈물겹게 힘든 노력'이요.

답이 너무 시시했어요. 특별한 비밀이 있는 줄 알았는데…

우리 표정을 보셨는지 한탐 선생님이 한 말씀하셨어요.

"노력이라는 말에 실망한 눈치인데요? 나가서 깨진 파편들을 보면 감히 시시하다고 말할 수 없을 거예요. 실패해도 포기하지 않고 푸른 빛깔을 내기 위해 얼마나 많은 노력을 했을지 생각해 본다면 말이에요. 이화여자대학교박물관에 가면 고려인들이 처음으로 만든 청자가 있어요. 그런데 이름은 청자지만 색은 누런 빛이 나지요. 색깔이 누런색인데도 그 정도면 잘 만든 것이라며 왕의 사당에 바쳤던 것이거든요."

● 청자 순화4년(993)명 항아리
태조 왕건을 기리는 제사에 사용된 그릇으로 비교적 이른 시기의 청자예요.

고려인들은 송나라처럼 푸른 빛깔을 내는 진짜 청자를 만들고 싶었대요.

과학적으로는 유약의 철분이 1~3%일 때 푸른 빛깔을 띠는데 그때는 지금처럼 유약의 성분을 기계로 분석할 수 없었으니 오직 경험으로 밖에 할 수 없었어요.

그렇기 때문에 말처럼 쉬운 일이 아니었대요. 흙 속에 다른 성분이 조금이라도 섞여 있거나 유약의 철분이 다르거나 불 조절에 실패

✽ 청자 만드는 과정 ✽

1. 흙과 물을 섞어 반죽하기
2. 물레를 이용하여 그릇 모양 만들기

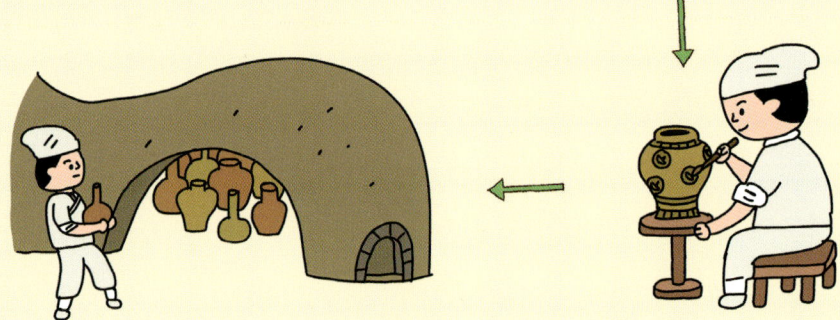

4. 그늘에서 말린 후 굽기
3. 무늬를 새기고 다른 색의 흙넣기

5. 유약 바르기
6. 높은 온도에서 굽기

하면 맑은 빛깔의 청자는 탄생할 수 없으니까요.

"하지만 고려에 좋은 기회가 생겼어. 거란, 여진, 몽골 등 북방민족의 침입이 잦아지자 송나라 도자기 장인들은 더 이상 나라의 보호를 받기 힘들어졌지. 그때 몇몇 장인들은 평소부터 친하게 지냈던 고려로 이주해 왔어. 고려에서 아낌없는 지원을 약속했거든. 고려 장인들은 그들과 힘을 합쳐 청자를 만들기 위해 노력했어. 그 결과 전국에서 제일 먼저 이곳 강진에서 푸른 빛깔 청자를 만들어 냈단다. 그리고 얼마 안 가 부안에서도 청자를 만드는데 성공했어. 고려 왕실에서 얼마나 기뻐했을까? 강진과 부안의 청자는 왕실전용으로 쓰였고 전국에서 청자로 가장 유명한 곳이 되었어. 학예사 선생님? 제 말이 맞죠?"

학예사 선생님은 한탐 선생님의 질문에 눈을 찡긋했어요. 그리고 고려의 역사가 담긴 강진청자박물관에서 일하는 것이 무척 자랑스럽다고 했어요.

천하제일 비색 청자의 탄생

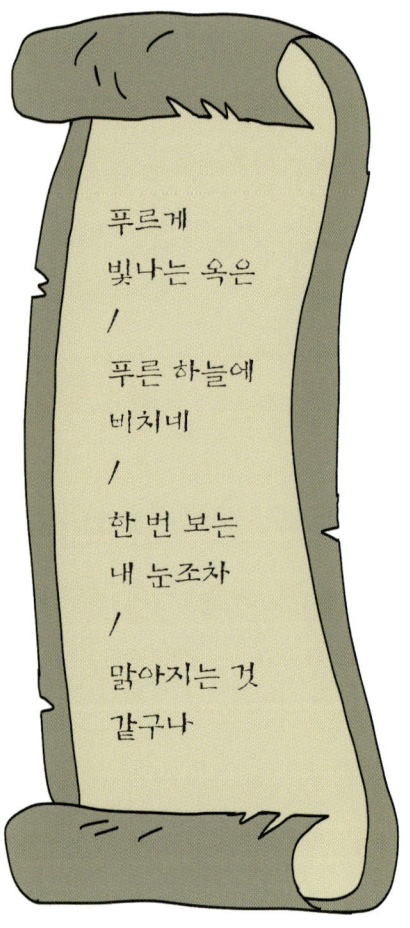

푸르게 빛나는 옥은 /
푸른 하늘에 비치네 /
한 번 보는 내 눈조차 /
맑아지는 것 같구나

박물관 안에는 고려청자가 전시되어 있었어요. 학예사 선생님은 고려 역사 500여 년 동안 청자가 어떻게 변해가는지 잘 살펴보라고 했어요. 진짜 신기하게도 청자가 다 같은 색깔이 아니었어요. 고려가 막 시작되었을 때는 누런색과 푸른색이 합쳐진 것 같아 별로 예쁘지 않았는데 점점 시간이 흘러 갈수록 색깔이 맑고 푸른빛으로 변했어요.

태조 왕건이 후삼국을 통일하고 이백 년이 지났을 무렵인 12세기에 가장 아름다운 빛깔의 청자가 만들어졌다고 했어요. 이때 고려의 도자기는 송나라의 청자보다 더 예쁜 빛깔이었다고 해요.

"도자기의 빛깔을 푸르게 만들려고 한 것은 옥을 닮기 위함이었던 같아요. 중국인들은 보석 중에 옥을 제일 좋아했거든요. 하지만 고려인들은 옥보다 하늘빛이 좋았는지 더 고운 빛깔을 만들려

고 노력했답니다. 이렇게 탄생한 고려청자의 맑고 아름다운 빛깔은 청자를 먼저 만들었던 송나라 사람도 인정할 정도였어요. 송나라의 태평노인이라는 분은 고려청자의 비색이 천하제일로 다른 곳에서 따라 하려고 해도 따라 할 수 없다고 얘기할 정도였으니까요."

한탐 선생님의 말을 함께 듣고 계시던 학예사 선생님은 이 아름다운 빛깔이 도자기의 약점이 된다고 했어요. 도자기를 잘 살펴보고 약점을 찾아보라고 했어요. 모르겠다며 알려달라는 투덜이도 있었지만, '유약이 비쌀 것이다', '색깔을 내기 어려울 것이다', '푸른색은 아름답지만 진한 색깔이어서 무늬가 잘 안보일 것이다'라며 제각기 답을 말해 봤어요. 그런데 학예사 선생님은 우리 중 답을 맞힌 사람이 있대요. 누가 맞았을까?

한탐 선생님도 답을 알고 계신지 빙긋이 웃기만 하셨어요. 답을 맞힌 주인공이 누군지는 특별전시실에서 알려 주신다고 했어요.

학이 구름 사이 푸른 하늘을 나는 청자상감운학문매병

다들 자기가 맞았다며 답을 빨리 알려 달라고 소리쳤어요. 한탐 선생님은 특별전시실에 답이 있다며 그곳에서 설명해주신다고 하셨어요. 특별전시실은 꽃무늬가 새겨진 청자가 많았어요.

대나무, 연꽃, 국화, 모란, 매화가 새겨져 있는데 깨진 파편에도 무늬들이 참 많았어요.

"고려청자는 훌륭한 도자기지만 한 가지 약점이 있어요. 그것은 바로 무늬가 잘 드러나지 않는다는 점이에요. 정답은 상상이가 맞았어요. 도자기를 감상할 때는 세 가지를 살펴본답니다. 첫 번째는 도자기의 빛깔이죠. 빛깔은 고려청자가 으뜸이라고 할 수 있지요. 두 번째는 도자기의 모양이에요. 한자로 기형(그릇 모양)이라고도 해요. 부드러운 곡선인지, 한 쪽이 기우뚱 하진 않은지, 동물은 잘 조각되었는지 살펴보는 거예요. 마지막으로 도자기에 새겨진 무늬를 보는 거지요. 청자의 문제는 여기서 나타났어요. 아무리 예쁜 무늬를 새겨도 가까이서 보지 않으면 눈에 잘 띄지 않거든요."

중국 도자기 장인들은 고민 끝에 청자보다 더 우수하면서 바탕이

하얀 백자를 만들기 위해 노력했어요. 백자는 도화지와 같으니 어떤 그림도 무늬도 마음껏 그릴 수 있을 테니까요. 하지만 고려의 장인들은 다르게 생각했어요. 아름다운 빛깔을 버리지 않으면서 무늬도 마음껏 표현할 수 없을까 말이죠. 욕심이 너무 많은가요?

● 청자음각넝쿨무늬대접(위)과 청자상감운학문매병(아래)

 선생님은 때로는 무언가를 이루고자 하는 욕심이 새로운 것을 만드는 법이랬어요. 고려의 장인들은 상감기법이라는 것을 찾아냈어요. 원래 상감기법은 청동 그릇 표면에 금이나 은을 새겨 무늬를 만드는 기술이었지요. 이것을 도자기에 응용해서 상감청자를 만드는 데 성공했어요. 꽃을 새기고 동물을 새기고 때로는 시를 써넣기도 했어요. 하지만 최고의 상감청자는 아무래도 푸른 하늘을 나는 학이 새겨진 도자기였죠. 가만히 도자기를 들여다보니 우리도 학을 타고 하늘을 나는 것 같았어요. 고려의 도자기 장인은 천재였던가 봐요.

천하제일 비색 청자

귀족이 사용한 다양한 청자

학이 새겨진 상감청자를 보다 보니 문득 궁금해진 게 있어요. 도자기의 쓰임새였어요. 이름이 매병인데 매병이 뭔지 모르겠어요. 주전자나 향로, 연적, 대접은 알겠는데 도무지 매병은 감이 오지 않았어요. 꽃병 같기도 하고, 길쭉한 물건을 담아두기에도 좋을 것 같고…. 학예사 선생님은 매병의 쓰임새는 술을 담는 단지래요. 인삼주 같은 것을 담그기도 하고 향기 좋은 술을 담아 두기도 했던 술병 말이에요. 이 비싼 청자를 술병으로 쓰다니 참. 고려 귀족들도 대

단해요.

"고려의 지배층은 귀족들이었어요. 고려 귀족들은 화려한 것을 참 좋아했답니다. 비단 옷을 걸치고 집 담벼락도 비단으로 두르곤 했지요. 집에선 향을 피우고 금이나 은, 상아로 만든 물건들을 지니고 있길 좋아했고, 귀족이 특히나 좋아했던 것은 바로 청자였어요. 그중 상감청자는 귀족들의 마음에 쏙 들었지요. 그래서 다양한 청자가 만

● 다양한 청자의 쓰임새

병과 접시	항아리, 주전자, 찻잔
생활 소품	베개, 상자, 화장품통, 촛대, 화분, 문방구류
주거 용품	기와, 담벽용도판, 야외 의자
불교 용품	향로, 정병

들어졌어요. 물론 찻잔이나 그릇, 주전자, 항아리 같은 음식을 담는 그릇이 제일 많았지만 베개나 화장품 통, 보관상자와 촛대 같은 생활 소품도 청자로 만들었어요. 심지어는 지붕의 기와나 의자, 벽이나 방을 꾸미는 판도 있어요. 물론 절에서 쓰는 향로나 정병도 청자로 만들어진 것이 많이 남아 있답니다."

전시실이 크진 않았지만 정말 다양한 청자가 많았어요. 깨진 청자 파편의 무늬를 보면 같은 도자기가 여러 개 만들어져서 개경으로 보내졌었나 봐요. 간송특별전에서 본 청자만큼 잘 만들어진 청자는 없었지만 이곳이 진짜 청자가 만들어진 곳이라는 것이 더 신기했어요.

선생님은 마지막으로 청자 운반선을 보고 돌아가자고 하셨어요. 청자 운반선은 실제보다 작게 만든 모형이라 조금 실망스러웠어요. 선생님은 바다에서 건진 진짜 배는 목포 해양유물전시관에 가면 볼 수 있다며, 서울로 가는 길에 잠시 들러 배를 볼 거라고 했어요.

학예사 선생님은 떠나는 우리에게 청자 모양 책갈피를 선물로 주셨어요. 이야기도 많이 듣고 선물도 받고 강진청자박물관에 오길 정말 잘 한 것 같아요.

고려청자를 가득 실은 보물선

우리는 목포 해양유물전시관으로 가는 길이에요.

박물관이 문 닫기 전에 도착해야 해서 똑똑이가 가보고 싶었던 다산초당은 그냥 지날 수밖에 없었어요. 똑똑이는 다산초당에 유배 가셨던 정약용 선생님을 진짜 좋아하거든요. 선생님은 강진과 이웃 해남은 다산초당 말고도 더 볼 곳이 많은 곳이어서 다음에 다시 역사 탐방을 오자고 했어요. 집에 가서 인터넷으로 찾아보다가 알게 되었는데 해남에는 진짜 공룡발자국도 있었어요. 어쩐지 해양박물관 가는 길에 공룡모형이 있더라 했어요.

선생님 말씀처럼 해양유물전시관에는 고려시대의 배가 여러 척 전시되어 있어요. 그중 10m 길이의 완도선은 3만 점의 청자를 싣고 가다가 침몰해서 바다에 묻혔던 것을 1984년에 발견해서 건져 올린 것이래요. 고려청자가 3만 점이라니 완전 보물선이 따로 없어요.

"바다든 땅이든 발견되는 문화재는 다 국가에 신고하는 것이 법이에요. 원래 청자는 고려시대에 많이 만들어졌지만 지금까지 전해진 것은 거의 없다고 봐야 해요. 그럼 박물관에 있는 것은 어디서 나온

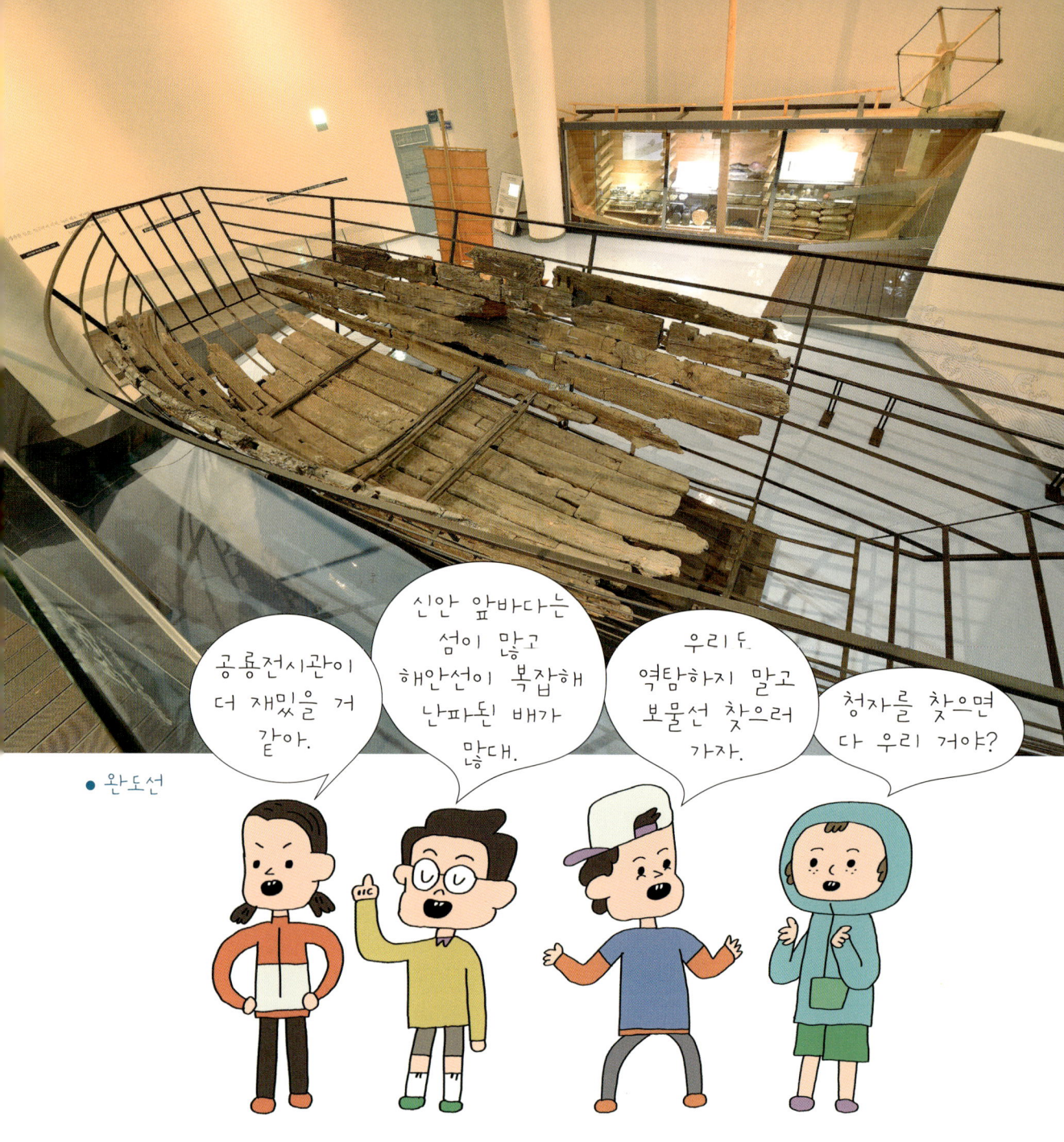

● 완도선

것일까요? 그렇죠. 그건 모두 무덤 속에서 나오거나 완도선처럼 바닷속에서 나온 것이에요. 특히 완도선 같은 보물선이 발견되면 청자가 수천 개에서 수만 개씩 한꺼번에 발견되는데, 신안선에서는 중국 원나라의 도자기가 2만여 점이 나와 세상을 놀라게 했답니다."

강진에서 청자를 가득 실은 배가 개경으로 가기 위해서는 신안과 태안에 있는 섬들을 지나쳐가야 했어요. 간혹 해적이나 폭풍우를 만나 배가 물속에 가라앉았는데 그럴 때면 강진에서 도자기를 다시 만들어 바쳤어야 했대요.

청자를 만들려면 도자기 장인뿐만 아니라 강진의 온 백성들이 흙을 캐

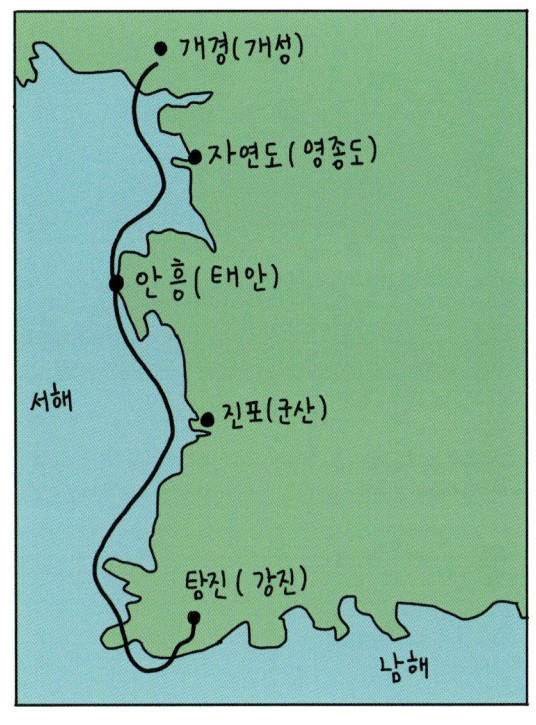

● 강진에서 개경으로 가는 바닷길

고 땔감을 날라야 했으니 얼마나 힘들었을까요? 화려한 귀족의 생활 뒤에 숨은 백성들의 힘든 삶을 잊어서는 안 될 것 같아요.

우린 다시 차를 타고 서울로 향했어요. 다음번에는 무신정권에 대해 배운다고 하셨어요. 퀴즈가 있다고 하니 이번에는 책을 좀 꼼꼼히 읽고 가야겠어요.

청자 연표 만들기

❶	순화4년명 항아리(10세기)	최초의 청자, 색을 내기 위한 노력
❷	순청자 대접(11세기)	푸른 빛깔 청자에 성공(강진과 부안)
❸	구름운학무늬매병(12세기)	청자의 전성기 (상감기법)
❹	청자 표주박 모양 주전자(13세기)	다양한 기법의 청자

질문 넷, 상감청자를 만드는 순서를 완성해 볼까요?

?

질문 하나,
다음 빈칸을 채워 보아요.

- 고려 사람들은 세계에서 두 번째로 푸른 빛깔의 도자기인 (　　)를 만들었어요.
- 청자 중 표면에 무늬를 새기고 흙을 집어넣어 만든 것을 (　　　)라고 해요.
- 고려 때 유명한 청자 가마가 있던 곳입니다. 남쪽 바닷가 도시인 (　　　)에는 현재 청자박물관이 있습니다.
- 고려 때 유명한 청자 가마가 있던 곳입니다. 남쪽 바닷가 도시인 (　　　)에는 현재 청자박물관이 있습니다.
- 고려청자 3만여 점을 싣고 가다가 바다에 가라앉은 배가 1984년 완도 앞바다에서 발견되었습니다. 발견된 섬의 이름을 따 이 배를 (　　　)이라 부릅니다.

질문 둘,
고려청자에 대한 내용을 잘못 알고 있는 친구가 있어요. 누구인가요?

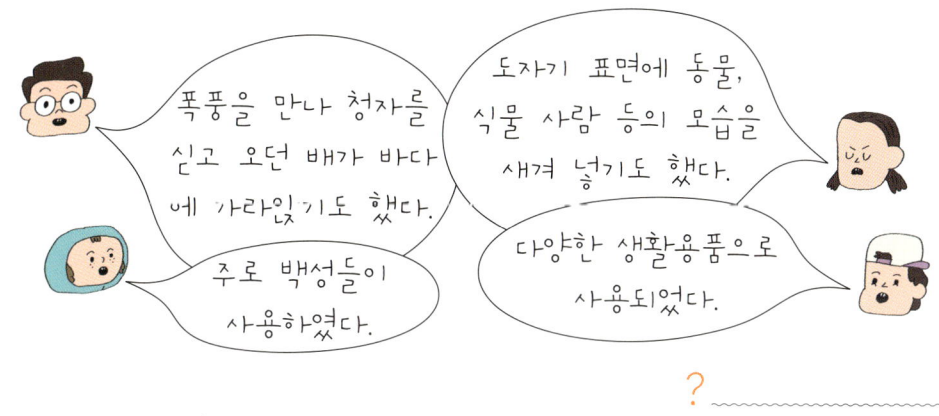

? _____

질문 셋,
고려청자로 만든 물건이 아닌 게 있어요! 무엇일까요?

❶ 향로 ❷ 기와 ❸ 의자 ❹ 가마

? _____

• 정답은 222쪽에서 확인하세요!

고려청자를 보러 시간여행을 떠난다면?

1. 고려의 청자를 찾아서
● 부안청자박물관

난 청자를 보는 것 보다 만드는 게 더 좋아.

고려시대에 유명했다는 유천리가마를 직접 보고 싶어.

부안은 강진과 더불어 최고의 고려청자를 생산하던 가마가 있었습니다. 부안군은 가마가 있던 유천리에 청자 모습을 닮은 박물관을 만들었습니다. 이곳은 직접 청자를 만들고 체험할 수 있는 시설이 아주 잘 되어 있어 어린이들에게 인기가 많습니다.

2. 도자기의 역사를 만날 수 있는 곳
● 국립중앙박물관 공예관

국립중앙박물관은 국내 최대의 도자기 박물관이기도 합니다. 3층 공예관은 청자와 분청사기 백자가 시기별로 전시되어 있습니다. 국보, 보물로 지정된 청자가 가장 많은 곳인 만큼 명품 청자를 마음껏 만날 수 있어요. 또한 상감청자가 만들어지는 과정을 영상으로 볼 수 있습니다. 수많은 청자가 있지만 고려청자를 대표하는 청자투각칠보문뚜껑향로와 청자참외모양병은 꼭 살펴보길 바랍니다.

> 아름다운 고려청뿐 아니라, 분청사기와 조선백자도 함께 보면 좋아.

3. 청자를 지킨 사람들
● 간송미술관과 호림박물관

청자는 외국인들에게도 무척 인기가 많습니다. 그러다 보니 일제강점기 외국으로 팔려나간 청자의 수는 헤아릴 수 없을 정도였습니다. 이를 안타까워한 간송 전형필 선생님이 일본인과 경쟁하면서 많은 청자를 지켜냈습니다. 전형필 선생님이 아니셨다면 '청자상감운학문매병'은 일본으로 팔렸을 거예요. 개성 출신인 호림 윤장섭 선생님 역시 회사를 차려 번 돈으로 외국에 나가 있던 청자를 많이 들여왔습니다. 두 분의 땀과 정성이 어린 곳이 바로 서울 성북구의 간송미술관과 서울 관악구의 호림미술관입니다.

> 둘 다 꼭 가볼 거야.

벌써 다섯 번째
고려 역사탐방이에요.
이번 역탐은 문벌귀족과
무신들의 이야기지요.
무신들의 시대는
세계최강 몽골의 침입으로
고려의 역사가 크게
변화하는 시대랍니다.

21 백년 무신정권

스물한 번째 여행

> 무신 정권이 뭐야?

> 그럼 고려는 강한 나라가 되었나?

무신정권

✱ 한국사 탐험을 떠나기 전 미리 생각해 올 것!

박물관에서 문벌귀족의 화려한 생활을 보여 주는 유물을 찾아보세요.
무신정권을 이끌어 간 사람들은 누구일까요?
무신정권 동안 백성들은 살기 편했을까요?

✱ 준비물

끔찍한 장면을 보아도 놀라지 않는 마음가짐, 필기구, 수첩

> 고려는 무신이 백여 년 동안 나라를 다스렸지.

> 싸움 잘하는 장군들이야!

연표

- 1126년 이자겸의 난
- 1170년 무신정변
- 1176년 망이망소이의 난
- 1196년 최충헌 집권
- 1198년 만적의 난
- 1231년 몽골의 침입

 # 고려 역사 퀴즈

이의방
하급 무신들을 지방관으로 임명하고, 딸을 태자비로 삼아 세력을 키우려다 정중부에게 죽임을 당했어요.

정중부
장군 출신으로 아들에게 높은 벼슬을 주는 등 권력을 독차지하려다 경대승에게 죽임을 당했어요.

경대승
무인이었지만 문신을 적으로 여기지 않고, 오히려 무신정변을 반대하며 정중부를 죽이고 정권을 잡았어요.

이의민
8척 거구에 힘이 장사였던 이의민은 천민 출신 최초로 무신정권 최고 위치에 오른 인물이에요.

최충헌
이의민을 몰아내고 권력을 잡았어요. 이전의 무신들과는 달리 문신의 능력을 인정하고, 최 씨 가문을 중심으로 무신정권을 세웠어요.

선생님은 지난 시간에 미리 말씀하신 대로 가는 길 내내 고려시대 역사 퀴즈를 내셨어요. 첫 번째 퀴즈~ 고려 왕실에 딸을 10명 넘게 시집보낸 고려 최고의 가문은 어느 집안일까요?

인주 이 씨요! 아니야, 경원 이 씨요! 선생님은 둘 다 정답이라 했어요. 인주나 경원은 지금 인천의 옛 이름이래요.

좋아요~ 두 번째 퀴즈~ 김부식의 아들은 '○○○ 장군'의 수염을 불태운 적이 있어. 나중에 무신정변을 일으킨 '○○○ 장군'은 누굴까요? 정중부요! 이의방요! 아니야 이고야! 의견이 모두 갈렸어요. 모두들 제대로 공부한 것 같은데요? 두 번째 정답은 정중부랍니다~

세 번째 퀴즈의 정답은 노비 출신으로 최고 권력자 자리에 오른 이의민이었고 네 번째 정답은 최충헌이었어요. 분명 무신정권을 이끌어 간 장군들의 이름을 다 외웠는데 퀴즈만 하면 왜 이렇게 헷갈리고 생각이 안 나는지 모르겠어요.

"자~ 이제 강화대교만 넘으면 첫 번째 목적지 도착하니까 마지막 퀴즈예요."

똑똑이가 책을 세 번 봤다더니 지금까지 퀴즈를 다 맞혔어요. 선생님은 마지막 퀴즈는 어려운 문제를 낼 거래요. 우리는 모두 긴장했어요. 무신정권 최고의 학자로 거문고, 시, 술을 좋아해서 삼혹호(세 가지를 좋아하는 멋진 남자)라는 별명을 가졌던 사람은 누굴까요? 강화도에 이 사람의 무덤이 있지요.

똑똑이가 긴장했어요. 우리도 따라 긴장했어요.

이, 이 씨인데! 이제현! 선생님 이제현 맞죠?

이 씨는 맞지만 이름은 땡! 한탐 선생님의 말씀에 우리는 아쉬운 탄성을 질렀어요.

으아~ 땡이야~ 틀렸대! 안돼요. 기회 한 번 더 주세요! 너무 어려워요! 우리가 난리를 치자 선생님은 어쩔 수 없이 기회를 더 주셨어요. 이색! 땡! 이의민! 땡 이인임! 땡! 이승휴! 땡!

똑똑이가 아는 이 씨가 다 나왔는데 정답을 맞히지 못했어요.

선생님은 똑똑이가 틀리긴 했지만 고려 위인들을 정말 많이 안다면서 칭찬하셨어요. 하지만 끝까지 답은 말씀해 주시지 않았어요.

강화도를 탐방 하는 동안 답을 꼭 찾아내라고 하셨죠. 우리는 눈에 불을 켜고 답을 반드시 찾아내기로 했어요.

문벌귀족의 세상

강화도는 '지붕 없는 박물관'이라고도 한대요. 선사시대의 고인돌부터 시작해 조선의 근대사에 이르기까지 우리 역사와 관련된 유적지를 시대 순으로 모두 살펴볼 수 있기 때문이래요. 그중 고려 역사와는 떼려야 뗄 수 없는 중요한 장소이기도 한데, 우리도 미리 책을 읽고 알았어요. 몽골의 침입 때 이곳 강화도가 개경을 대신해 40년 가까이 고려의 도읍지였다는 것을요. 우리가 처음 도착한 곳은 뜻밖에도 고려 유적지가 아닌 평화 전망대였어요.

선생님은 이곳이 우리나라에서 개성이 제일 가깝게 보이는 곳이랬어요. 우리는 지난번 개성에서 시간여행을 한 적이 있기 때문에 기분이 묘했어요. 북적거렸던 벽란도와 개경, 흥왕사에서의 밤도 생생하게 떠올랐어요. 그날 밤 팔관회에 참석했던 많은 개경 귀족들도 생각났어요.

뭐야? 또 전망대야? 저번에도 갔잖아?

오! 그럼 또 시간여행?

백년 무신정권 129

그들은 과거시험을 통해 중앙 귀족이 된 사람들이라고 선생님은 설명해 주셨어요.

"개경 귀족을 대표하던 가문은 세 딸을 왕에게 시집보낸 경원 이씨 가문의 이자연이었어요. 5품 이상의 높은 지위를 가진 귀족이나 이자연처럼 왕실과 결혼을 통해 힘을 키운 집안을 문벌귀족이라고

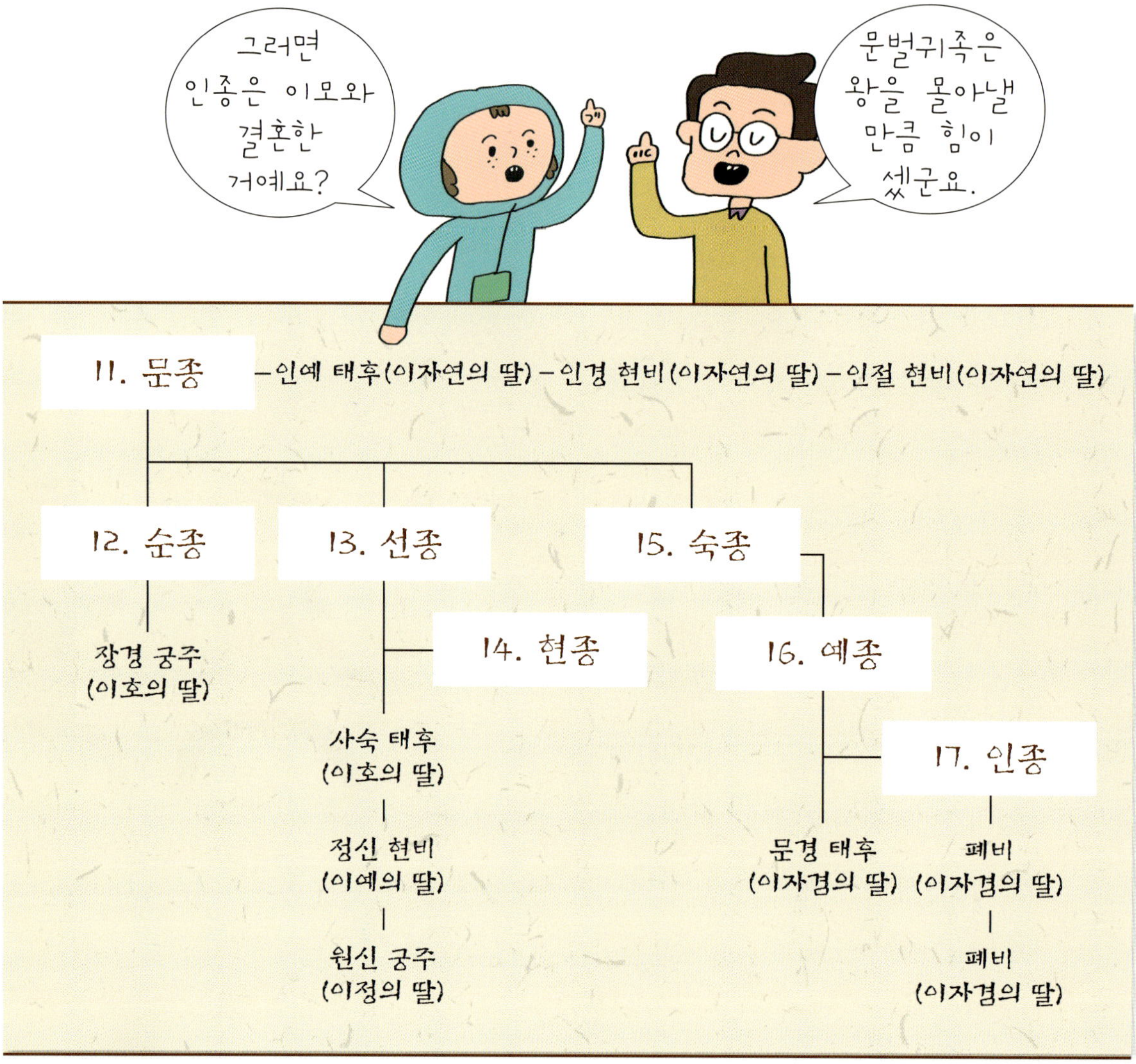

그러면 인종은 이모와 결혼한 거예요?

문벌귀족은 왕을 몰아낼 만큼 힘이 셌군요.

```
11. 문종 ─ 인예 태후(이자연의 딸) ─ 인경 현비(이자연의 딸) ─ 인절 현비(이자연의 딸)
   │
   ├── 12. 순종       13. 선종              15. 숙종
   │    │                │                    │
   │  장경 궁주        14. 헌종              16. 예종
   │  (이호의 딸)        │                    │
   │                  사숙 태후              17. 인종
   │                  (이호의 딸)              │
   │                     │              문경 태후    폐비
   │                  정신 현비         (이자겸의 딸) (이자겸의 딸)
   │                  (이예의 딸)              │
   │                     │                  폐비
   │                  원신 궁주           (이자겸의 딸)
   │                  (이정의 딸)
```

해요. 하지만 너무 힘이 세지다 보니 문제도 생겼지 뭐예요. 이자연의 손자인 이자겸은 둘째 딸을 예종에게 시집보내고, 그 사이에서 태어난 외손자 인종을 자신의 셋째, 넷째 딸과 결혼을 시켰거든요."

인종은 이자겸을 두려워했대요. 반대로 이자겸의 힘은 더욱 세졌어요. 그러자 이자겸은 손자인 인종을 왕으로 모시는 것이 싫었나 봐요. 결국 난을 일으켜 인종을 죽이려 했대요. 하지만 난은 실패로 끝나게 되었죠. 인종은 이자겸을 몰아내는데 성공했지만, 궁궐은 불타버리고 백성들로부터 손가락질 받는 왕이 되었다니, 좀 불쌍했어요.

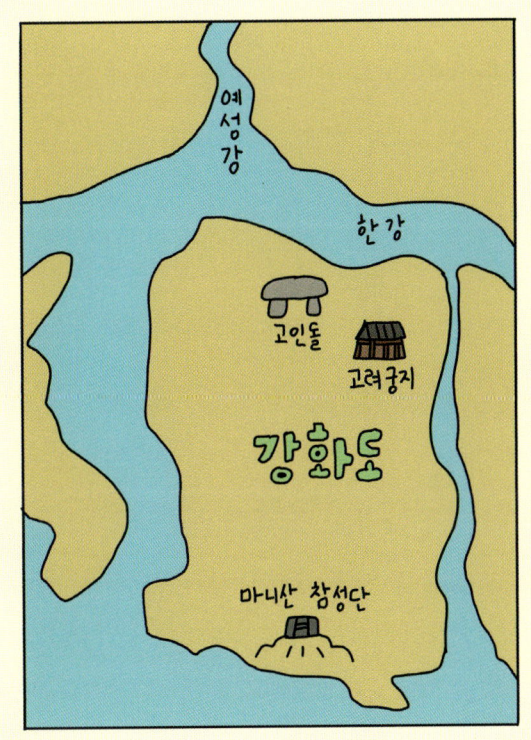

역사의 땅, 강화도

강화도는 한반도를 중심을 흐르는 예성강, 한강이 만나는 장소에 위치해 있어요. 예성강은 고려의 수도인 개경에, 한강은 조선의 수도인 한양에 이르는 강줄기이기 때문에, 바다로 침략해 오는 외세를 막아내기 위한 조상들의 흔적이 많이 남아 있어요. 삼국시대에는 백제와 고구려 그리고 신라가 차례로 영토를 확장했던 흔적이, 고려시대에는 몽골의 침입을 피해 도읍지를 옮겼던 궁궐터가, 조선시대에는 프랑스와 미국 그리고 일본과 치러야 했던 치열한 전투의 흔적이 남겨져 있답니다. 그 밖에도 선사시대의 고인돌과 단군이 하늘에 제사를 지냈다는 마니산 참성단도 강화도의 또 다른 역사 유적지이지요.

무신의 화가 폭발하다
무신정변

　인종의 뒤를 이어 의종이 왕이 되었대요. 의종 역시 문벌귀족의 눈치를 볼 수밖에 없을 정도로 문벌귀족들의 힘은 강했대요.
　"의종은 귀족들을 달래기 위해 틈만 나면 야외로 나가 잔치를 벌였어요. 잔치를 벌인 것은 귀족들을 늘 옆에 두고 감시하기 위한 마음도 있었을 거예요. 아무튼 잔치가 많아지고 궁궐 밖으로 외출이 잦아지자 왕과 귀족을 호위해야 하는 무신들이 힘들어졌대요. 나라를 지켜야 할 장군들이 잔치 가는 왕과 귀족의 가마나 지켜야 되니 꼴이 말이 아니었지요. 문신들도 늘 왕과 함께 놀다 보니 호위를 서고 있는 무신들이 한심해 보였나 봐요. 날이 갈수록 문신들은 무신들을 무시하기 시작했어요. 그러던 어느 날 드디어 사건이 터졌어요. 1170년 8월 그믐날이었지요. 여느 때처럼 왕은 귀족을 데리고 보현원에 행차했어요. 술과 고기를 먹고 노래 부르며 춤을 추었는데 매일 같이 하다 보니 지루했던 모양이에요. 그래서 이번에는 장군들을 불러 수박(태권도 같은 무술) 대결을 시켰어요.

장군들은 자존심 상했지만 왕의 명령이니 따를 수밖에 없었어요. 그런데 장군들의 싸움에 신이 난 문신 중 한 명이 큰 실수를 했어요. 젊은 문신인 한뢰가 술에 취해 수박 대결 도중 힘에 부쳐 하는 이소응 대장군의 뺨을 때려 버린 거예요. 이소응은 나이 많은 장군이었어요."

백년 무신정권

당황한 왕도 한뢰를 꾸짖었대요. 하지만 이미 엎질러진 물이었겠죠? 장군들은 가만히 참을 수 없었대요. 이의방, 이고, 정중부는 이소응이 당한 모욕은 어제오늘의 일이 아니었다며 무신들의 힘을 보여줘야 된다고 주장했대요.

결국 잔치에 참석했던 문신들은 무신들의 칼을 피할 수 없었어요. 문신들은 참혹하게 죽음을 당했고, 왕도 자리에서 쫓겨나 경주로 보내졌지요.

선생님 말씀을 듣고 나서 개성을 바라보니 문신들의 비명과 무신들의 함성이 들리는 것 같았어요.

 # 노비에서 최고 권력자가 된 이의민

무섭고 위험한 역사탐방은 정말 싫어!

　무신정변이 일어나자, 고려는 어떻게 되었을까요? 우리는 고려시대로 시간여행을 가고 싶었어요. 하지만 개성에 다시 가더라도, 그곳은 일 년 후에 시간의 문이 열리니 당장 시간여행을 할 수 없잖아요. 게다가 한탐 선생님은 무신 정권 시대는 너무 위험한 시대라서 함부로 역사 탐방을 했다가는 목이 달아날 수도 있으니 참으라고 하셨어요. 그리고는 무신이 정권을 잡았던 고려의 역사를 계속 들려주셨어요.

　"무신들은 문벌귀족들에게 권력을 빼앗자, 이번에는 자기들끼리 싸웠어요. 친구였던 이의방, 이고, 정중부는 서로 권력을 차지하려고 치열하게 다투었는데, 싸움은 정중부의 승리로 끝이 났어요. 하지만 정중부도 부하인 경대승에게 죽임을 당했답니다. 그럼 경대승이 승리자일까요? 아니, 경대승은 얼마 안 되어 병으로 죽었고, 천민 출신인 이의민이 최고 권력자 자리에 오르게 되었어요. 이의민이 최고 권력자가 된 것은 아주 특별한 일이었답니다. 전쟁이 잦았던 고려이다 보니, 나라에 공을 세워 노비라는 신분을 벗어나는 경우는

백년 무신정권

있었지만, 노비가 왕을 넘어서는 권력을 가진 것은 고려에서도 처음 있는 일이었지요. 그런데 말이에요, 노비로 살아 본 적이 있으니, 노비나 백성들의 마음을 헤아릴 거라는 기대와는 달리, 이의민은 백성들을 더 난폭하게 다스렸어요. 백성들에게 더 많은 세금도 거두어들였답니다."

 이의민과 그 아들들이 권력을 믿고 자신들의 욕심만 계속 채웠대요. 난폭한 성격으로 나랏일을 하는 이의민에게 참다못한 장군들은 더 이상 그를 따를 수 없다며 의견을 모았대요. 어쩌면 이의민의 신분이 노비 출신이었기에 더더욱 싫었을 것 같아요. 대대로 장군 집안 출신이었던 최충헌이 앞장서 이의민을 몰아냈대요. 한탐 선생님은 더 자세한 이야기는 고려 궁터에 가서 하자고 하셨어요. 고려 궁터요?

 # 최 씨 무신정권의 탄생

고려가 몽골에 대항하기 위해 강화도로 온 1232년부터 다시 개경으로 돌아가는 1270년까지 39년간 고려의 궁궐이 있었던 터예요. 조선시대에는 이곳에 왕실의 행궁과 왕실 도서관인 외규장각, 관청이 있었어요.

고려 궁터는 강화읍 한가운데 있었어요. 아마 이곳에 고려 궁궐이 있었나 봐요. 지금은 궁궐 같은 건물은 없고, 기와집 몇 채만 남아 있었어요. 한탐 선생님은 이곳에 몽골의 침입을 피해 강화도로 온 고려의 왕이 머무는 꽤 큰 궁궐이 있었다고 하셨어요. 하지만 몽골에게 항복한 후 다시 개경으로 돌아갈 때, 이곳에 있던 궁궐을 우리 손으로 모두 없애야 했대요. 그것이 몽골의 요구였대요. 지금은 터만 남아 있었어요.

선생님은 웃으면서 장난이의 귀를 잡고 북문으로 가셨어요. 고려 궁터 뒷산에 있는 북문에서도 멀리 개성이 보였어요.

"최충헌이 고려 최고의 권력자가 되고 나서야 무신정권은 안정되었어요. 생각해보면 너무 많은 장군들이 서로를 죽이고 자리를 차지

● 강화 고려궁터

했었지요. 백성들은 혼란스러웠을 거예요. 최충헌은 잘못된 정치를 바로잡겠다며 관리들을 자기 집으로 출근시켰어요. 자기 집에 교정도감*을 만들어 정치를 했고, 스스로를 지키기 위해 도방(경호실)도

만들었어요. 무신들은 이제 당연히 최충헌의 눈치만 봤어요. 최충헌의 아들 최우는 아버지를 뛰어넘는 뛰어난 인물이었어요. 교정도감을 정방^{••}으로 바꾸어 나라를 다스렸지요. 삼별초도 만들고 말이에요."

하지만 나라밖에서 큰일들이 벌어지고 있었대요. 몽골이 세계적인 대제국으로 성장하고 있었던 거예요. 무서운 기세로 여러 나라를 무너뜨리고, 중국 대륙까지 차지하며, 고려를 향해 오고 있었거든요. 우리는 개성을 바라보며 최우의 마음은 어땠을까 상상해 보았어요.

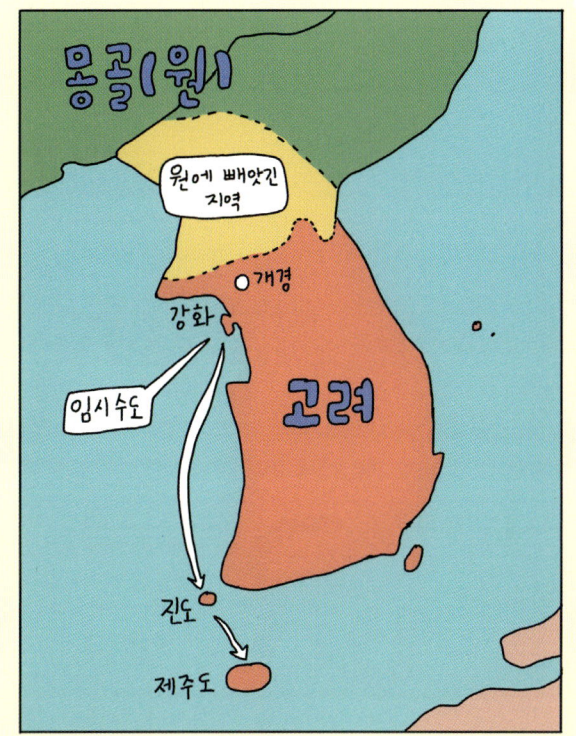

몽골에 끝까지 대항한 삼별초
최 씨 정권의 사병이었지만, 고려시대 경찰과 전투의 임무의 수행하던 부대였어요. 삼별초는 치안유지와 궁궐 수비, 몽골과의 전투 등의 역할을 맡았는데 고려가 몽골에서 항복할 때에도 삼별초는 이를 거부하였어요. 몽골에게 끝까지 저항하며, 근거지를 강화도에서 진도로 그리고 다시 제주도로 옮겼지만, 결국 고려와 몽골의 연합군에게 진압되고 말았어요.

- **교정도감** 고려시대 권력 기구예요. 최충헌은 이 기구를 통해 나랏일을 장악하였어요.
- **•• 정방** 교정도감과 함께 막강한 권력으로 고려를 다스렸던 최우의 기관이에요.

사람답게 살고 싶다 백성의 저항

우린 북문을 내려와서 차를 타고 강화역사박물관으로 출발했어요.

한탐 선생님은 백성들이 볼 때, 무신정권 권력자들은 문벌귀족보다 나은 정치가들은 아니었대요. 오히려 문신들보다 나랏일에 대한 경험이 부족해서, 백성들의 문제를 잘 해결하지 못 했대요. 그러면서도 세금은 더욱 많이 걷었죠. 백성의 원성은 못 들은 척 힘으로 누르려고 했대요. 하지만 잘못된 것을 참고 견딜 고려 백성이 아니죠.

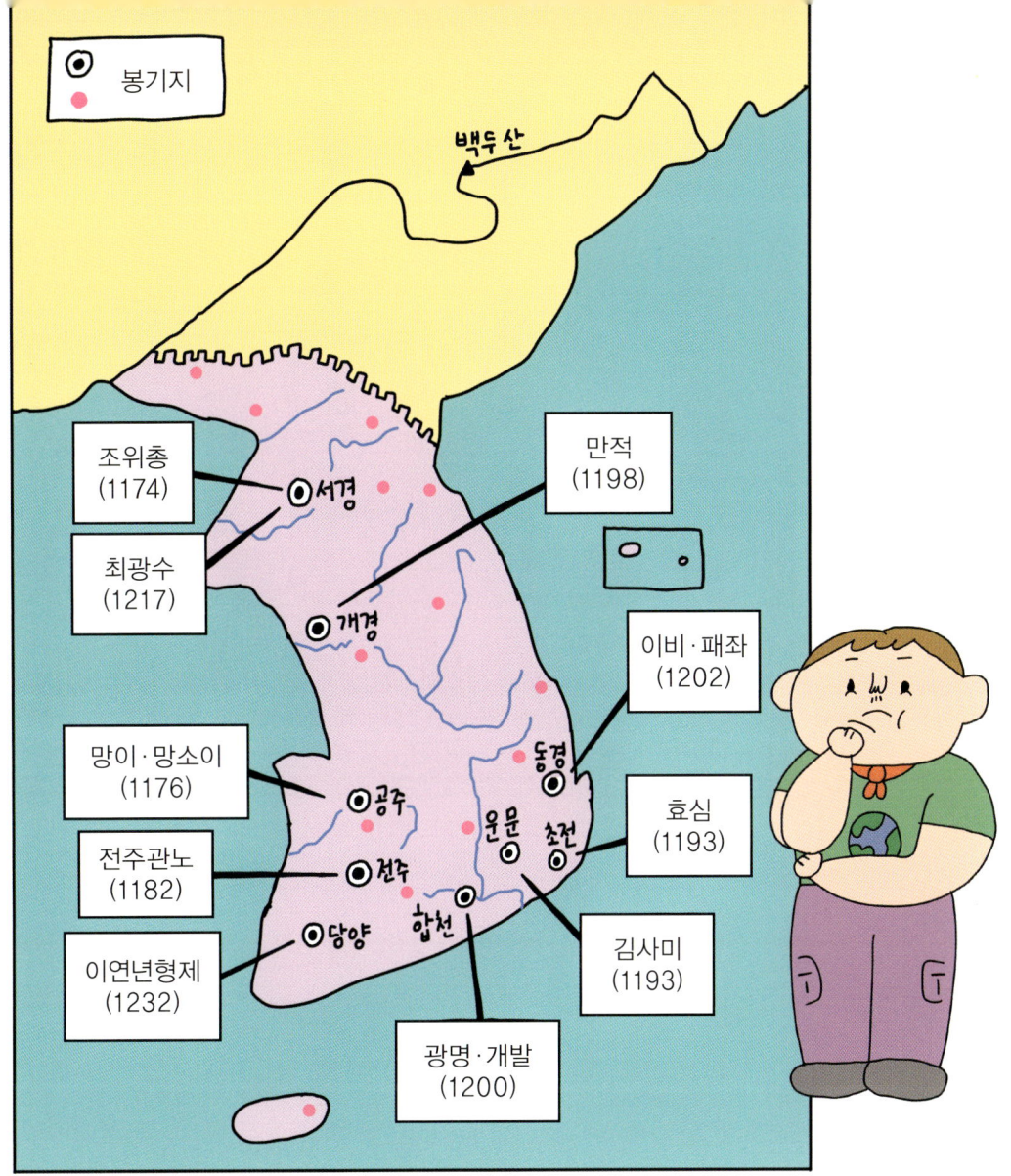

"백성들은 무신정권에 저항했지요. 무신정권에 저항한 백성은 한 둘이 아니었어요. 그중에서도 만적은 정말 대단한 것 같아요. 만적은 최충헌의 노비였대요. 만적은 우연히 최고 권력자였던 이의민이 자신과 같은 노비 출신이었다는 것을 알게 되었어요. 만적은 다른 노비들을 모아 이야기했어요."

　태어날 때부터 신분이 정해진 사회에서 이런 주장을 하다니, 만적은 정말 대단하다는 생각이 들었어요. 만적의 말에 많은 노비들이 고개를 끄덕였을 것 같아요. 하지만 순정이라는 노비가 이 사실을 자신의 주인에게 알리면서 들통 나게 되었대요. 만적은 결국 최충헌에게 붙잡혀 죽임을 당했어요. 한탐 선생님은 우리 역사상 최초로 신분 해방운동을 펼친 사람이 만적이라고 하셨어요. 지금 우리가 사는 차별 없는 세상이 되기까지 만적과 같은 사람들의 노력이 있었다는 것을 잊지 말라고 하시며 말이에요.

　만적의 이야기를 듣는 동안 우리는 강화역사박물관에 도착했어요. 강화역사박물관에서는 어떤 이야기가 우릴 기다리고 있을지 기대돼요.

세계 최강 몽골과 만나다

강화역사박물관은 볼거리가 많은 곳이었어요. 세계유산인 고인돌도 있고 강화 동종과 커다란 수(帥)자 깃발도 있었어요. 선녀 옷을 입고 참성단에서 춤을 추는 사진도 재미있었어요. 우리가 배우는 고려시대는 1층에 전시되어 있었어요.

설명에는 한탐 선생님 말씀처럼 최우가 몽골을 피해 강화도로 도읍지를 옮기는 바람에 강화도가 역사 속에 등장하게 되었다고 나와 있었어요. 그때 강화도는 강도로 불렀대요.

백년 무신정권

한탐 선생님은 당시 세계적인 대제국으로 성장하던 몽골에 대한 이야기를 들려주셨어요.

"거란과 여진의 위협을 이겨 낸 고려도 몽골은 너무 어려운 상대였어요. 끝없이 넓은 초원에 흩어져 살던 몽골 부족을 하나로 통일한 사람은 칭기즈칸이었지요. 세상에서 가장 말을 잘 타는 부족답게 엄청나게 빠른 속도로 다른 부족을 공격했어요. 칭기즈칸이 이끄는 몽골은 패배를 몰랐고, 초원의 모든 부족을 통일한 후 이슬람 왕국을 멸망시키고 러시아를 지배했어요. 유럽의 군대도 몽골에 무릎 꿇었어요. 거란과 여진도 기세등등한 몽골에 무너졌지요. 그런데 거란이 쫓기는 과정에 고려까지 오게 된 거예요."

몽골은 뛰어난 기마 전술을 가진 나라 아니야?

덕분에 빠른 시간에 대제국을 건설할 수 있었던 걸까?

전시실에는 몽골의 침략과 고려의 저항에 대해 자세히 전시되어 있었어요. 몽골과 고려는 처음 만났지만, 서로 힘을 합해 거란을 물리쳤대요. 몽골은 사신을 보내 거란을 물리쳐 준 대가로 무리한 공물을 요구한 거예요. 고려는 요구를 들어주지 않았어요. 그런데 몽골 사신이 돌아가는 길에 누군가의 습격을 받아 목숨을 잃었대요. 몽골은 이 사건을 꼬투리 잡아 고려를 침략한 거예요. 몽골군의 기습에 고려는 크게 패배하였어요. 그들은 가는 곳마다 사람이 죽이거나 잡아가고 물

건을 빼앗고 집을 불태웠어요. 그 모습이 너무 끔찍해 사람들은 몽골을 무척 두려워했대요. 결국 개경이 함락될 처지에 놓이자 고려는 몽골과 화해를 했고 몽골은 돌아갔어요. 하지만 몽골이 또 언제 다시 쳐들어올지 고려인들은 두려웠어요.

강화역사박물관을 다 돌아보니 벌써 점심시간이 되었어요. 우리는 휴게실에서 한탐 선생님이 준비한 도시락을 먹었어요. 시간여행에서 밥상이나 잔칫상을 받았던 적이 있었지만, 한탐 선생님이 준비해 주신 도시락은 처음이었어요. 한탐 선생님은 식사를 하며, 무신정권 100년에 대해 만화 일기를 구상해 보라고 하셨어요. 과제물이라고요. 그럼 그렇지, 역사 탐방이 도시락으로 신나는 마무리가 될 일이 없겠지요.

무신정권 100년 만화일기 쓰기

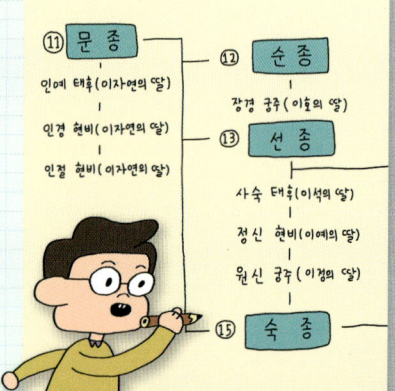
문벌귀족 시대

보현원 사건

최씨 무신정권 시대

만적의 난

최우가 만든 삼별초

고려을 침략하려는 몽골

한눈에 정리하기

 **질문 하나,**
고려 시대의 무신정권과 관련된 역사에 대해 배웠죠?
선생님에게 빈칸을 채워 하나씩 이야기해 줄래요?

 (　　　　)은 왕실과의 결혼을 통해 권력을 독차지했어요.

 문신 중심의 정치에 맞서 (　　　　)이 일어났어요.

 천민 출신으로 최고 집권자에 자리에 오른 사람은
(　　　　)입니다.

 최충헌의 노비인 (　　　　)은 신분해방을 외치다
목숨을 잃었습니다.

 질문 둘,
세계에서 가장 큰 제국을 이루었던 나라를 알고 있나요? 아시아에서 유럽까지 위세를 떨쳤지요. 이 나라가 침략하자, 고려의 최우는 도읍지를 강화도로 옮겼어요. 어느 나라인가요?

?　――――――――――――――――――――

 **질문 셋,**
무신정변으로 달라진 고려 사회의 모습이에요. 맞으면 O, 틀리면 X로 답해 줄래요?

❶ 노비와 백성이 살기 좋은 세상이 되었다.(　　) ❷ 고려사회의 신분질서가 흔들리게 되었다.(　　) ❸ 무신 간의 싸움으로 나라가 혼란하였다.(　　) ❹ 문신들의 권위가 떨어졌다.(　　)

• 정답은 222쪽에서 확인하세요!

무신정권 시기로 시간여행을 떠난다면?

1. 경원 이 씨 이야기
● 인천 원인재

경원 이 씨 가문의 몰락은 문벌귀족들의 전성기와 쇠퇴를 동시에 의미해.

그밖에도, 강화도에는 고려의 역사를 알 수 있는 유적이 있어.

원인재는 경원 이 씨 집안을 일으킨 이허겸의 묘 앞에 세운 건물입니다. 이허겸의 손자인 이자연은 지금 국무총리와 같은 문하시중 자리에 올랐습니다. 또한 집안에서 연이어 왕비를 배출하며 귀족 집안이 되었습니다. 경원 이 씨 집안은 10명이 넘는 왕비를 배출하며 고려 최고의 명문가문이 되었지만 이자연의 손자 이자겸의 난으로 쇠퇴하였습니다.

2. 새로운 도읍 강화의 고려 궁궐
• 고려궁터

강화의 중심에 자리 잡은 고려 궁터는 40여 년 간 몽골 항쟁의 중심지였습니다. 북문에서는 바다 건너 개성이 내려다보이고 궁궐에서는 강화 시내가 내려다보입니다. 하지만 원나라와 강화하는 조건으로 궁궐을 완전히 없애 버리는 바람에 고려 궁궐의 흔적을 찾을 수 없게 되었습니다. 조선시대에는 관아로 사용되었고 외규장각에 귀한 책들이 보관되어 있었던 것으로 더 유명합니다.

고려와 조선의 역사를 함께 알 수 있는 곳이야.

3. 사람답게 사는 세상을 꿈꾼 사람들
• 대전 명학소 민중 봉기 기념탑

지금은 대전이 더 크지만 옛날에는 충청도에서 공주가 가장 큰 도시였어요. 대전도 공주에 속했는데 명학소라 불렸습니다. '소'나 '향' '부곡'으로 끝나는 이름을 가진 마을은 반역자가 나왔거나 태조 왕건이 통일할 때 반대했던 곳들로 세금을 두 배로 내거나 나라에 필요한 물건을 만들어야 하는 등 차별이 심했습니다. 아무리 힘들어도 평생 다른 곳으로 이사를 갈 수도 없었습니다. 이와 같은 차별에 맞서 명학소에 살던 망이·망소이가 무신정권에 저항했어요. 망이·망소이의 난은 실패로 끝났지만 이들의 노력을 기리기 위해 민중 봉기 기념탑이 만들어졌습니다.

신분차별을 반대했던 사람들의 슬픔을 알 수 있어.

22 스물두 번째 여행

팔만대장경에 새겨진 나라사랑

몽골의 침입과 고려의 저항

한국사 탐험을 떠나기 전 미리 생각해 올 것!

몽골 침입으로 사라져 간 문화유산은 무엇일까요?
팔만대장경에 담긴 고려인들의 정성을 생각해봅시다.
고려시대 신분은 어떻게 나뉘었을까요?

준비물

조각칼, 필기구, 수첩

연표

- 1231년 몽골의 침입
- 1238년 몽골에 의해 황룡사 9층목탑이 불에 탐
- 1241년 고려 최고문인 이규보가 강화에서 생을 다함
- 1251년 팔만대장경 조판
- 1270년 무신정권이 무너지고 몽골에 항복
- 1285년 일연 [삼국유사] 편찬

부처님의 가르침이 새겨진 8만 여 장의 목판이야.

8만 개의 대장경인가?

강화도 천도

● 대장경
부처의 가르침이 적힌 불교 경전을 모아 놓은 것을 가리켜요.

한탐 선생님은 이번 역사 탐방에서는 책이나 방송에서 자주 보던, 팔만대장경에 대한 역사 이야기를 만날 거라고 하셨어요. 우리는 모두 기대가 되었어요. 혹시 팔만대장경이 보관된 해인사에 있는 장경판전에 가는 걸까요? 그런데 선생님께서는 이번에도 강화도에 간다고 하셨어요. 팔만대장경은 강화도 선원사에서 만들었기 때문이래요.

한탐 선생님의 차를 타고 선원사 터에 왔어요. 그런데 주위를 살피니 논밭밖에 없었어요.

선생님은 주차장 뒤편, 산 쪽으로 올라가서 우리를 부르셨어요.

강화도 선원사는 1245년 최우가 세운 절이에요. 팔만대장경 판각을 주도한 곳으로 전해지고 있는데, 조선시대 대장경판이 선원사를 떠나 한양의 지천사를 거쳐 해인사로 옮겨졌다고 해요.

주차장 뒤로 넓은 절터가 계단식으로 있었어요. 금당이라는 푯말이 있는 곳까지 올라갔어요. 한탐 선생님은 둥근 돌에 한 명씩 앉으라고 하셨어요. 둥근 돌은 원래 건물의 기둥이 있던 자리래요. 우리

● 강화도 선원사

강화도로 도읍지를 옮긴 후, 세워진 절이에요. 몽골의 침략에 대항한 백성들의 마음이 하나로 모인 고려시대의 대표적인 절 중 하나예요.

가 충분히 앉을 수 있을 정도니, 기둥이 엄청 컸나 봐요.

"여긴 선원사라는 절이 있었던 곳이에요. 선원사는 고려에서 세 손가락 안에 꼽히는 큰 절이었어요. 그런 절이 이곳 강화도에 만들어 진 것은 몽골 때문이었지요. 몽골과 직접 만났던 최우는 고려가 몽골을 이길 수 없다는 사실을 잘 알게 되었어요. 그래서 몽골을 피할 방법을 고민한 거예요.

개경에서 멀어서는 안 되고 수만 명의 사람들이 가서 살아도 충분히 먹고 살 비옥한 땅이 있는 곳. 몽골을 피해 각 지방의 세금을 걷을 수 있고 무엇보다 몽골의 침입을 언제든지 막을 수 있는 곳. 그곳이 바로 이곳 강화도였어요. 몽골은 초원에서 살아가는 민족이라 바다에서는 잘 싸울 줄 몰랐거든요. 반대로 고려는 가장 뛰어난 항해술을 가진 나라이니 최우의 선택은 당연했을지도 몰라요."

하지만 우린 궁금했어요. 고려 백성들이 모두 강화도로 올 수 없을 것 같았거든요. 역시나~ 강화도로 올 수 있었던 사람은 왕족과 귀족, 그리고 몇몇의 개경에 사는 백성들뿐이었대요. 하지만 그것만으로도 강화도는 금방 사람들로 넘쳐났대요. 강화도에 살던 백성들이 육지로 쫓겨 날 지경이었지요. 어떻게 그럴 수 있죠? 우리는 화를 냈어요. '굴러들어 온 돌이 박힌 돌을 뺀다.'는 속담이 이럴 때 쓰는 거겠죠?

강화로 온 사람들은 의지할 곳이 필요했대요. 강화도에도 절은 있었지만 개경처럼 큰 절은 없었나 봐요. 선원사는 개경의 사찰들처럼 거대한 규모로 지어졌대요.

 # 불타는 고려의 국토

　강화도는 고려의 새 도읍지가 되었어요. 사람들은 강화도를 '강도'로 불렀어요. 산의 이름도 개경에 있는 산 이름을 따서 송악산으로 불렀지요. 궁궐은 개경을 바라볼 수 있는 곳에 만들었대요. 지난번에 갔었던 고려궁터가 강화에 지어진 궁궐이었죠. 이 사실을 뒤늦게 안 몽골이 다시 고려를 쳐들어 왔대요. 최우의 바람대로 몽골은 강화도로 들어오지 못했어요. 번번이 실패했죠. 화가 난 몽골은 전국을 돌아다니며 약탈하고 불을 질렀대요. 육지에 남겨진 백성들은 스스로 지킬 수밖에 없었어요. 한탐 선생님의 이야기를 듣다 보니 우리는 열을 받아 견딜 수가 없었어요.

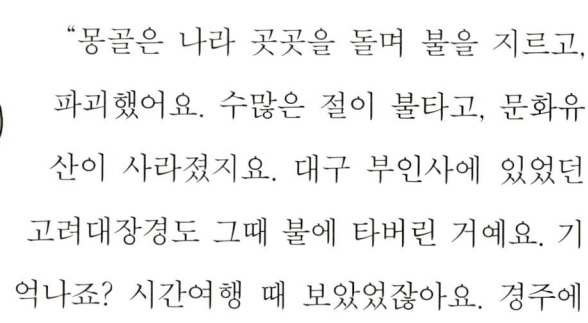

"몽골은 나라 곳곳을 돌며 불을 지르고, 파괴했어요. 수많은 절이 불타고, 문화유산이 사라졌지요. 대구 부인사에 있었던 고려대장경도 그때 불에 타버린 거예요. 기억나죠? 시간여행 때 보았었잖아요. 경주에 있던 황룡사도 몽골에 의해 불타버렸어요. 불상은 녹아버리고 신라 때 만들어져 수백 년을 내려오던 황룡사구층목탑도 완전히 사라졌어요. 절에 있던 큰 종은 몽골이 운반해 가다가 바다에 빠뜨리기도 했어요. 하지만 말이에요, 백성들은 커다란 위기에 빠졌을 때 더 큰 힘을 내기도 해요. 고려인들은 절망적인 상황 속에서 놀라운 기적을 보여주었어요. 자, 잠시 산 위로 올라가 볼까요? 절대 뒤돌아보지 말고 잘 따라오세요~"

선생님은 금당 터 뒤편 오솔길을 따라 올라갔어요. 우리도 놓칠새라 뛰어 올라갔어요. 좋았던 날씨가 점점 흐려졌어요. 선생님 어디 가는 거예요? 오르락내리락 30분을 넘게 헉헉거리며 선생님을 따라가다가 우리는 깜짝 놀라 멈췄어요. 산을 한 바퀴 돌아 도착한 곳은 선원사였어요. 아까는 분명 빈터였는데, 지금은 스님들이 바쁘게 다니고 있는 커다란 절이에요. 도대체 어떻게 된 일이지요? 설마! 우리 또 고려시대로 온 거예요?

부처님의 힘을 빌려 나라를 지키자

선원사에 스님들은 조심스럽고, 중요한 일에 몰두하고 있는 것 같았어요. 그러면서도 분주하게 움직이고 있었어요. 시간여행을 왔다는 사실에 놀라, 눈이 휘둥그레진 우리들에게 한탐 선생님이 조용히 속삭이듯 말씀하셨어요.

"미리 얘기 안 해서 미안해요. 탐방 시간을 아끼려면 어쩔 수 없었어요. 알고 있죠? 현재의 한 시간이 고려에서는 하루라는 것을? 우리 이제 팔만대장경을 만드는 걸 알아볼까요?"

커다란 법당이 있었어요.
스님들이 모여 기도를
드리고 있었어요.

팔만대장경에 새겨진 나라사랑 **157**

스님의 기도에 마음이 뭉클했어요. 선생님은 우리가 꼭 보아야 할 것이 있다며 옆 건물로 우릴 데려갔어요. 그곳에서는 스님들이 나무판에 뭔가를 새기고 있었어요. 그런데 글자를 새기던 스님이 갑자기 일어나서 절을 했어요. 그 스님만 그런 것이 아니었어요. 자세히 보니 나무판에 글자를 새기는 모든 스님들이 한 글자를 새길 때마다 절을 하는 게 아니겠어요? 우리는 너무 놀라 입을 다물 수 없었어요.

"스님들의 간절한 마음이 느껴지나요? 한 글자를 새길 때마다 절을 올린다는 것은 결코 쉬운 일이 아니에요. 몽골의 침입을 이겨내겠다는 마음이 있기에 한 글자 한 글자 절을 올리듯 정성을 들여 새기겠다는 거지요. 이렇게 만들어진 대장경을 완성하는데, 무려 16년이 걸렸답니다."

헉! 16년이라고요? 우리는 넋을 잃고 스님들을 바라보았어요.

"너희들도 우리 고려가 위기를 이겨낼 수 있게 기도해다오. 벌써 16년이구나. 이제 이 대장경도 곧 완성을 앞두고 있으니 모든 것이 잘 될 거야."

팔만대장경을 만든 사람들

팔만대장경은 그냥 만들어진 것이 아니었어요. 16년의 세월 동안 정말 많은 사람이 참여했어요. 왕과 왕족, 무신과 귀족, 고위 관료 및 하급 관료, 지방의 향리와 관원, 일반 백성까지 고려의 모든 계층이 참여했어요. 돈을 시주하는 사람, 나무를 구해오는 사람, 직접 일을 하는 사람.

팔만대장경을 만들고자 한마음, 한뜻이 된 건 분명하네.

팔만대장경에 새겨진 나라사랑

● 해인사 장경판전(왼쪽), 대장경판(오른쪽)

자신이 할 수 있는 일은 가리지 않고 했어요. 선종과 교종도 이때는 서로 싸우지 않고 모두 열심히 참여했어요. 어린 스님부터 나이든 스님까지 역할을 나누어 참여했어요. 강화에서만 하기에는 벅찬 일이어서 남해에서도 일을 나누어 진행했대요.

"이렇게 만들어진 대장경은 부인사에서 불타버린 대장경을 다시 만들었다는 뜻으로 재조대장경이라고도 해요. 팔만대장경은 만들어진 경판의 수가 8만 개가 조금 넘다 보니 자연스레 생긴 별명이에요. 정식이름은 고려대장경이지요. 지금은 합천에 있는 해인사 장경판전에 보관되어 있어요. 조선 초에 해인사로 옮겼다는 기록이 남아 있답니다."

선생님은 팔만대장경이 세계기록유산이 된 이야기를 계속 들려주셨어요.

"대장경은 사실 중국과 일본에도 많이 남아 있어요. 더 오래된 것은 중국에 있고 양이 가장 많은 것은 일본에 있지요. 하지만 세계 사람들이 인정하는 최고의 대장경은 고려대장경인 팔만대장경을 손꼽는답니다. 내용이 가장 정확하기 때문이야. 대장경은 수많은 불교의 경전을 모아 만들다 보니 한 권 한 권의 내용은 자칫 소홀해질 수 있었거든요. 팔만대장경은 여러분도 본 거처럼 한 글자 새길 때마다 절을 올릴 정도로 정성을 들였기에 틀린 내용이나 글자가 없기로 유명해요. 그래서 팔만대장경이 불교 경전의 기준 역할을 해 왔어요."

우리는 팔만대장경에 대해 들을수록 놀라웠어요. 그때 사람들이 웅성거리는 소리가 들렸어요.

"남해에서 대장경이 도착했대." "남해 정림사 주지 스님도 함께 오셨대."

우리도 사람들을 따라 사천왕문 앞으로 갔어요.

어떻게 틀린 글자나 빠진 글자가 없을 수 있지?

내용도 방대해서 세계적으로 인정받는 대장경이래.

역시 팔만대장경은 자랑스러운 세계기록유산이야.

팔만대장경에 새겨진 나라사랑

일연스님의 삼국유사

사천왕문 앞에는 상자를 실은 수레가 도착해 있었어요. 남해에서 온 대장경이 상자에 들어 있었어요.

일연 스님은 단군왕검과 고조선 이야기가 처음 실린 『삼국유사』라는 역사책을 쓰신 스님이에요. 『삼국유사』는 우리도 읽어 본 적이 있었어요. 재미있는 이야기가 정말 많은 책이었어요. 『삼국유사』는 고조선뿐 아니라 고구려, 백제, 신라, 가야의 이야기가 담겨 있어요.

책을 쓰신 분이 사관*이 아니라 스님이다 보니 신비한 이야기, 감동적인 이야기, 불교 이야기가 특히 많이 들어 있대요.

• 사관
역사 기록을 담당하는 관리

선생님은 일연 스님 이야기를 해주셨어요.

"스님이 역사책을 쓰셨다니 이상하지 않나요? 거기에는 그럴만한 이유가 있었어요. 일연 스님은 경상도에 있는 경산이라는 곳에서 태어나셨어요. 어머니가 해가 자신을 환하게 비추는 꿈을 꾼 후 일연 스님을 갖게 되어서 어릴 때 이름이 김견명(見明, 밝은 해가 비춤)이었다고 해요. 김견명은 14살에 설악산으로 가 스님이 되었어요. 22살 때는 승과에서 장원해서 세상에 이름을 떨쳤지요. 일연은 비슬산에서 참선하며 수도를 했지만 몽골에 고통받는 고려를 그냥 두고 볼 수만은 없었나 봐요. 그래서 남해 정림사로 가서 팔만대장경을 만드는 일을 3년간 도우셨어요.

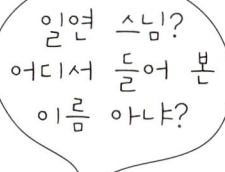

"아니에요, 그건 훨씬 나중 이야기에요. 대장경이 완성된 후에도 일연 스님은 세상을 돌며 백성들을 위로했어요. 일흔여덟의 나이에 일연 스님은 고려의 국사가 되셨어요.

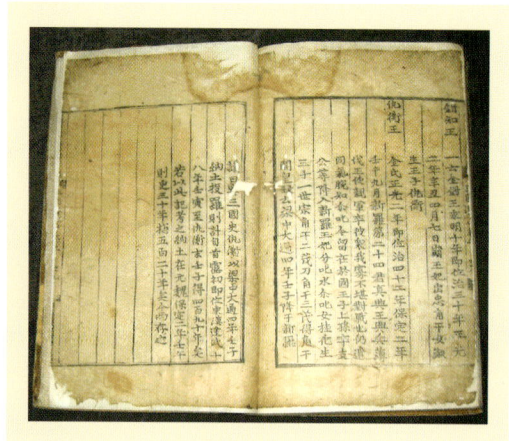

● 삼국유사
원나라의 간섭을 받던 때 고려 백성에게 우리 민족에 대한 자긍심과 힘을 주기 위해 일연스님이 쓴 역사이야기 책이에요.

"이미 여러분도 아는 것처럼 국사는 고려의 불교를 대표하는 자리이지요. 왕은 일연 스님이 계속 국사 자리에 계시길 원했지만 아흔이 넘으신 어머니를 돌보아야 한다며 일 년 만에 국사 자리에서 물러나셨어요. 하지만 나라와 백성을 위해 무언가를 해야 한다고 생각하셨던 것 같아요."

아, 그래서 비록 지금은 몽골의 침입에 힘들지만, 우리 민족은 언제나 위기를 이겨내 온 역사가 있었다는 것을 알리기로 마음을 먹었나 봐요. 그래서 『삼국유사』는 태어난 거로군요.

고려인의 생활

선생님 말씀을 다 듣고 나니 일연 스님이 더 위대해 보였어요. 그리고 어머니를 사랑하는 마음에 가슴이 뭉클했어요.

한탐 선생님은 늦기 전에 가 보아야 할 곳이 있다며, 선원사를 나와 논두렁길을 따라 걷기 시작했어요. 논에는 벼가 잘 익어가고 있었어요. 그런데 우리 농촌의 논과는 모습이 좀 달랐어요. 뭔가 듬성듬성 한 것 같기도 하고 질서가 없는 것 같았어요. 한탐 선생님은 고려시대에는 모내기가 전해지지 않아서 농사짓는 방법이 달라서 그런 거랬어요.

"모내기 방법이 전해지기 전까지, 농민들은 논에 볍씨를 직접 뿌려서 농사를 했어요. 그렇게 되면 벼와 잡초가 같이 자라기 때문에 매일같이 잡초를 뽑는 김매기를 해야 하지요. 이만저만 힘든 일이 아니었어요. 모내기보다 수확량이 반도 안 되지, 세금은 무겁지 농민들은 무척 힘들었답니다."

우리는 고려 사람들의 생활이 궁금했어요. 선생님은 신분에 따라 생활이 다르다고 했어요. 백성들은 세금을 내고 일하고 군대까지 가는데 귀족은 세금을 내지 않는다는 것이 불공평했어요. 그런데 놀라운 이야기도 들었어요. 고려시대 여성들은 아주 활기차고 당당했대요. 부모님의 재산을 물려받거나 제사를 올리는데 차별받는 일이 없었대요. 과거 시험만 볼 수 없을 뿐 모든 점이 남자들과 평등했다고 해요. 선생님은 여성보다 남성을 더 귀하게 여기던 풍습은 결코 우리 민족의 오래된 전통이 아니라고 하셨어요. 조선시대에 생긴 잘못된 생각이었대요.

고려의 천재 문인
삼혹호 이규보

 마을 길을 따라 한 시간쯤 걸었어요. 논 건너편 언덕에 멋진 무덤이 나타났어요. 작은 산이 무덤을 보호하는 것처럼 둘러싸고 있었지요. 커다란 비석이 있고 돌로 만든 동물과 동자상이 무덤을 지키고 있었어요. 우린 무덤의 주인이 궁금했어요. 그런데 한탐 선생님은 웃기만 할 뿐 누군지 말씀을 안 해주셨어요. 눈치 빠른 장난이가 우리가 찾던 정답의 주인공인 거 같다며 달려갔어요. 하지만 망했어요. 한자로 쓰여 있어서 이름을 읽을 수가 없었어요.
 상상이가 논으로 가서 김매기 하는 할아버지께 여쭤보았어요.
 "할아버지 안녕하세요? 혹시 저 무덤이 누구 무덤인지 아세요?"
 "아이구 아씨! 말씀 낮추세요. 귀한 집 아씨 같은데 어찌 저희 같은 농민에게 말씀을 높이십니까? 누가 들으면 저희가 혼이 납니다요. 여기 처음 오셔서 모르시는 것 같은데 저 무덤은 고려 최고의 문인인 삼혹호 이규보 선생님이 잠들어 계시는 곳입니다."
 기분이 좋지 않았어요. 미안하기도 했고요. 저희에게 말씀을 높이는 할아버지를 보니 신분사회가 어떤 것인지 알 것도 같았어요. 아

● 이규보 묘
고려 무신정권 때 태어난 이규보는 어려서부터 시 쓰기에 뛰어났어요. 과거에 급제한 후 여러 관직을 두루 거쳤고, 몽골항쟁 때에는 대장경 제작에 참여하였어요. 남긴 작으로는 『동명왕편』, 『동국이상국집』, 『박운소설』 등이 있어요

맞다! 이규보!

힛! 귀한 집 아씨 같대!

그런데 삼혹호가 호야? 무슨 뜻이야?

시와 거문고, 술을 좋아한다는 뜻이지.

무튼 우린 정답을 찾아냈어요.

선생님은 강화도 역사 탐방이 끝나기 전에 답을 찾아서 약속대로 간식을 사준다고 하셨어요.

우리는 신났어요. 한탐 선생님은 이규보 무덤 앞으로 우리를 데려가셨어요.

무덤 앞에는 황금색으로 변한 넓은 논밭이 펼쳐져 있었어요. 보기만 해도 배부른 것 같아요. 왜 이곳에 묻히셨는지 알 것 같았어요.

이규보는 재주가 많은 분이었대요. 시와 글을 잘 쓰고 거문고 연주도 잘하고 귀족인데도 백성들과 자주 어울려 놀았대요. 세상 구경하기를 좋아해서 평생을 구름처럼 여기저기 떠돌아다녔어요. 최충헌과 최우는 이규보 선생님을 좋아해서 높은 벼슬을 내리기도 했대요. 수준 높은 고려의 학문을 다른 나라 사신들에게 보여주려면 이규보 선생님이 꼭 필요했거든요. 주몽의 이야기를 적은 『동명왕편』은 최초의 서사시에요. 우린 중학생이 되면 꼭 이규보 선생님의 책을 읽어 보기로 했어요. 선생님은 이제 돌아가야 한다며 무덤 뒤 오솔길로 발걸음을 재촉했어요.

● 서사시
역사나 이야기가 있는 시를 말해요.

팔만대장경 만들기

- 경전의 제목 (직지심체요절)을 한지에 옮겨 쓰기
- 한지를 나무판에 붙이기
- 한번 절하고 조각칼로 한 글자씩 파기
- 완성된 경판을 모아 놓고 불상 앞에서 제 올리기

*재료 : 고무판, 한지, 붓, 먹물, 조각칼

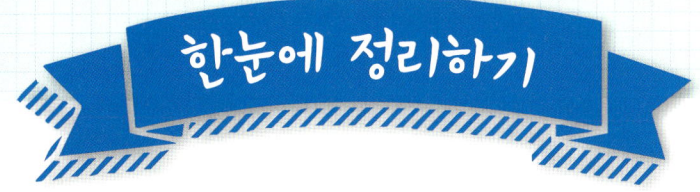

질문 하나,
고려시대를 대표하는 문화유산이에요. 아래의 설명을 읽고
어떤 것인지 누가 대답해 줄래요?

- 16년간 백성에서 귀족까지 많은 사람이 참여하여 만들었어요.
- 틀린 글자가 없이 정확하고 아름다워 뛰어난 우리 목판인쇄술을 보여줘요.
- 경판의 수가 8만 장이 넘어요.

질문 둘,
고려 시대 사회 모습에 대한 아래의 설명 중에 틀린 대답을 한
친구가 있어요. 어떤 친구인지 이야기해 주세요.

 — 제사는 아들과 딸이 번갈아 가며 지내기도 하였어요.

 — 귀족은 좋은 집에 살며, 나랏일을 하였어요.

 — 여성들도 과거시험을 보고 관직에 진출했습니다.

 — 백성은 나라에 세금을 내고 군대에 갔어요.

? ~~~~~~~~~~~~

질문 셋,
무신 정권과 몽골이 침입 등으로 힘든 백성들의
마음을 위로하고, 민족의 자부심을 심어주고자,
일연 스님이 지은 역사책은 무엇인가요?

? ~~~~~~~~~~~~

• 정답은 222쪽에서 확인하세요!

대몽항쟁의 시기로 시간여행을 떠난다면?

1. 불보사찰 해인사의 보물

● 경남 합천 해인사

해인사에 가면 세계문화유산인, 장경판전도 볼 수 있어!

6·25전쟁 때 가야산을 폭격하라는 명령을 불복종한 김영환 대령 덕분에 소중한 팔만대장경을 지킬 수 있었어.

해인사는 팔만대장경이 보관된 절입니다. 선원사에 있던 팔만대장경은 조선시대에 한양의 지천사로 잠시 옮겼다가 해인사로 다시 옮겨 지금까지 내려오고 있습니다. 팔만대장경은 임진왜란과 6·25전쟁 때 사라질 뻔한 위기를 겪었지만 해인사 스님들의 노력과 문화유산을 지키고 싶었던 군인들에 의해 보존될 수 있었습니다. 지금은 세계기록유산으로 지정되어 보호되고 있습니다. 팔만대장경을 수백 년간 뒤틀림 없이 잘 보존 해 올 수 있었던 것은 장경판전이 있었기 때문입니다. 자연을 응용한 선조들의 과학 수준을 잘 보여 주는 장경판전은 세계문화유산이기도 합니다.

2. 삼국유사의 고장을 찾아서
● 경북 군위 인각사

인각사는 일연 스님이 삼국유사를 쓰셨던 절입니다. 일흔이 넘은 나이에도 나라와 백성을 생각하며 우리 역사를 모아 책을 만드셨어요. 고려 전기 김부식이 만든 『삼국사기』와 달리 신비하고 재미있는 이야기가 가득한 책입니다. 그 전 역사에서 다루지 않았지만 남아 있는 이야기를 모아 썼다는 뜻으로 『삼국유사』라 이름 지었습니다. 삼국유사는 단군의 이야기가 남아 있는 가장 오래된 책이기도 합니다.

일연 스님의 영정도 있으니 함께 찾아 보자.

3. 시로 만나는 주몽 이야기
● 인천 강화 이규보 묘

이규보 선생의 책을 읽고 가면 더 재미있을 것 같아.

강화도에는 고려 시대 사람들의 무덤이 여럿 남아 있습니다. 그 중 가장 잘 보존 된 곳이 바로 이규보의 무덤입니다. 주변 경치도 좋아 사람들이 자주 찾고 있습니다. 이규보가 남긴 책 중 53권을 묶어 『동국이상국집』라는 책을 만들었습니다. 주몽의 이야기를 시로 쓴 「동명왕편」외에도 술을 주인공으로 한 「국선생전」 등 고려시대를 대표할 글을 많이 썼습니다. 재미있는 글이 많아 고려시대는 물론 조선시대와 현대까지 많은 사람들이 이규보의 책을 읽고 있답니다.

23 공민왕의 못다 이룬 꿈

스물세 번째 여행

고려말 개혁정치

한국사 탐험을 떠나기 전 미리 생각해 올 것!

몽골 간섭기에 고려 백성들은 어떻게 지냈을까요?
공민왕의 개혁정치는 어떤 것이 있었을까요?
고려 주변 나라의 역사는 어땠을까요?

준비물

고려 말 세계지도, 필기구, 수첩

연표

- 1270년 몽골의 간섭 시작
- 1275년 충렬왕 즉위, 탐라총관부 설치
- 1298년 충선왕 즉위, 개혁정치 시행
- 1339년 기황후, 원나라 황후로 책봉
- 1351년 공민왕 즉위, 반원자주개혁 시작

종묘에 가면 공민왕을 만날 수 있다고?

조선은 고려에서 계승된 나라잖아.

 개경으로 돌아 간 고려의 왕

 종묘는 서울 도심 한가운데에 있어요. 우리는 한탐 선생님과 함께 지하철을 타고 가기로 했어요. 종묘는 지하철 1, 3호선 종로3가역에 있었어요. 종묘 공원 앞은 큰 도로라 자동차가 끊임없이 지나다녔어요. 많은 사람이 오가는 종묘 주변은 혼잡하였어요. 한탐 선생님은 숲으로 둘러싸여 있기 때문에, 종묘 안으로 들어가면 조용하다 하셨어요. 신기하게도 안으로 들어가니 정말 다른 세상에 온 것처럼 고요해졌어요.
 "종묘는 조선시대 왕과 왕비의 신주를 모시는 곳이에요. 고려를 멸망시킨 조선의 종묘에서 고려의 왕 공민왕을 만난다니 이상하지 않나요? 여기에 앉아 잠깐 설명을 들어 볼래요?"
 한탐 선생님은 우리를 벤치로 안내해 주시고는 지도를 꺼내셨어요. 개경이라 쓰여 있는 것을 보면 고려시대 지도인가 봐요. 그런데 크게 화살표가 그려져 있었어요. 몽골이 쳐들어온 길을 그린 것인데 세상에~ 여섯 번이나 침략하였대요. 고려 조정이 강화도에 있는 동안 백성들은 몽골의 침략에 얼마나 힘들었을까요? 한탐 선생님께서는 지도를 보며 떠오르는 생각이 있으면 이야기해 보라고 하셨어요. 우리는 떠오르는 생각들을 말씀드렸어요. 고려왕은 정말 괴로울 것 같았어요. 몽골에 괴롭힘을 당하는 백성을 소식을 들고도, 무신정권의 눈치를 보아야 하니 말이에요. 계속되는 몽골의 침략에 백성들은 또 얼마나 힘들었을까요? 한탐 선생님은 결국 몽골을 막아내지 못한 무신정권은 무너졌고, 전쟁을 그치는 걸 조건으로 몽골에게 항복한 고려의 왕은 개경으로 돌아갔다고 하셨어요. 하지만 삼별초는 항복을 거부하고, 강화도에서 진도로 다시 제주도로 옮겨 가며
몽골에 항쟁하였대요.

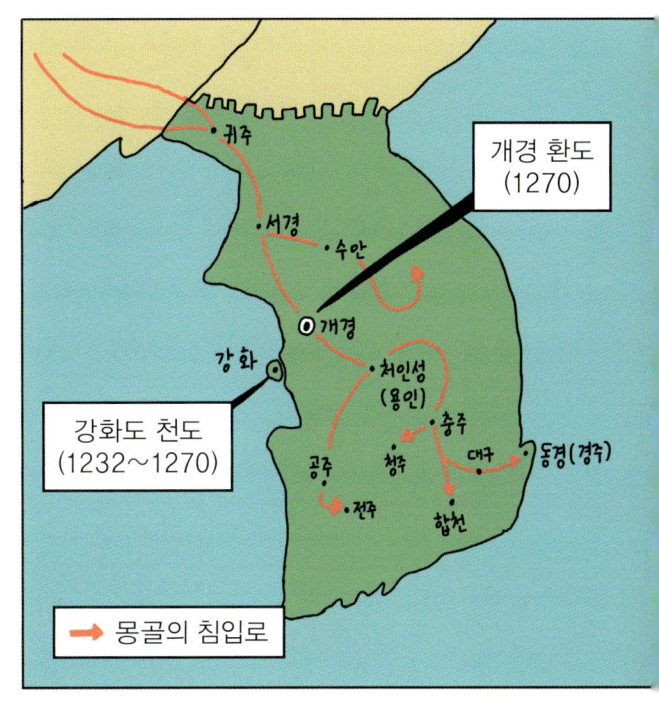

공민왕의 못다 이룬 꿈

간섭하는 몽골에 빼앗긴 땅

오랜 전쟁이 끝나자, 고려에 평화가 찾아왔대요. 하지만 평화는 잠시뿐이었고, 몽골은 고려의 땅에 원나라 관청을 설치하여 고려를 간섭하기 시작하였대요.

"사십 년을 버틴 고려가 무서웠나?"

"나라 이름과 왕실, 고려의 풍습을 인정해 줬대."

● 종묘 공민왕 신당

고려 31대 왕인 공민왕을 위해 건립된 신당으로, 종묘가 창건될 때부터 함께 세워졌어요. 내부에는 공민왕과 노국대장공주를 함께 그린 영정이 있고, 공민왕이 그렸다고 전해지는 준마도도 봉안되어 있어요.

"몽골은 고려에 여러 가지를 요구해왔답니다. 무리한 내용이 많았지만 따를 수밖에 없었어요. 그렇다고 열 받을 필요는 없어요. 몽골에 저항했던 다른 나라들과 비교해 볼 때, 고려는 특별한 혜택도 많이 받았거든요."

한탐 선생님은 이제 공민왕 신당으로 가 보자고 하셨어요. 종묘의 정문인 외대문 근처에 있는 공민왕 신당은 작고 아담한 곳이었어요. 신당 안에는 공민왕과 노국공주의 영정이 있었어요. 자신은 고려의 왕인데, 조선 왕들의 사당에 모셔진 걸 공민왕이 안다면 기분이 어떨까요? 그때였어요. 세찬 모래바람이 불어오더니, 갑자기 신당 문이 쾅 닫혀 버렸어요. 우리는 너무 놀라 옷이나 팔로 얼굴을 막았어요. 잠시 후 한탐 선생님이 괜찮다고 말씀하시고, 우리가 정신을 차렸을때, 그 순간 신당 문이 열리며 공민왕이 나오는 게 아니겠어요?

"어서들 오너라. 많은 사람이 종묘에 와도 나를 찾는 사람은 거의 없었는데, 요즘은 이곳에 오는 아이들이 부쩍 많아졌구나. 허허. 너희도 고려의 이야기가 알고 싶어 온 거니?"

이런 신기하고도 황당한 일을 자주 겪기 때문에 별로 놀라지도 않았어요. 우리는 공민왕의 질문에 '예!'라고 대답하였어요. 그리고 질문했어요. 몽골은 고려 사람들을 얼마나 괴롭혔냐고요.

"몽골은 세 곳의 땅을 빼앗았단다. 제주도에는 탐라총관부를 만들고 평안도 쪽은 동녕부, 함경도 쪽은 쌍성총관부를 세워 직접 다스렸지. 매년 엄청난 양의 세금을 요구했고 많은 고려의 여인들이 공녀로 끌려가게 되었단다. 몽골 공주를 따라 고려로 온 사람들의 횡포도 너무 심했어. 말을 듣지 않는 사람들은 마음대로 잡아 가두거나 매질을 했지. 고려의 법은 이들에게는 소용없었어. 고려의 왕으로서 분하고 또 미안하구나. 아무래도 세금을 더 많이 내야 했으니 백성들은 무척 힘들었을 거야. 그러나 이 기회를 이용해 고려를 배신하고 몽골 편이 되는 자도 많았지. 몽골말을 잘하는 자, 매와 말을

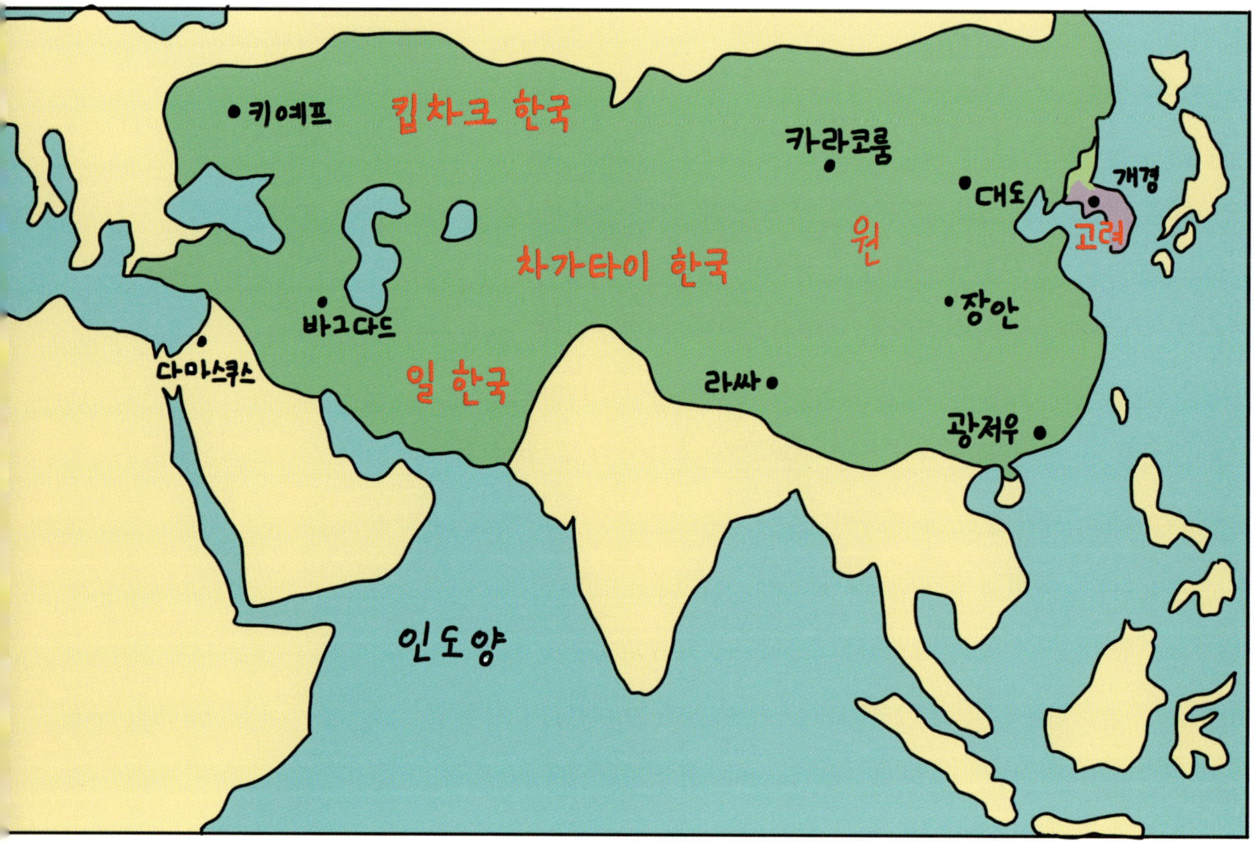

● 몽골의 세계정복

잘 다루는 자 중 배신자가 특히 많았어. 몽골은 세계를 지배하고 나라 이름을 원(元)으로 지었어. 원은 세상의 으뜸이라는 뜻이란다."

세상을 지배한 원나라 때문에 거란도, 여진도, 중국도, 러시아도, 이슬람제국도 멸망했는데 고려는 살아남았으니 대단한 일인 것 같긴 한데 기분이 썩 좋지는 않았어요.

● 몽골이 빼앗어간 우리 땅
몽골은 동녕부에 쌍성총관부, 제주에 탐라총관부를 두어 고려를 간섭하였어요. 민왕이 그렸다고 전해지는 준마도도 봉안되어 있어요.

 원나라로 끌려 간 사람들

이제 금방 본 공민왕은 혼령이었어?

원나라로 끌려간 사람은 누구였을까요? 우리는 물어보고 싶었지만, 신당 안으로 들어가는 공민왕의 힘없는 뒷모습을 보고, 붙잡을 수 없었어요.

우리는 원나라로 끌려 간 사람이 모두 백성들일 줄 알았어요. 그런데 뜻밖에도 강제로 원나라로 간 사람 중에는 귀족과 왕족도 많았어요. 특히 고려의 왕자는 원나라에서 교육을 받아야 했어요. 어린 시절부터 원나라에서 지낸 고려의 왕자들은 원나라를 고향처럼 여기기도 했대요. 그래서 왕이 되어도 고려로 가지 않고 원나라에 계속 남아 있어 고려의 관리들이 많은 어려움을 겪었대요.

공녀로 간 고려 여인 중에는 원나라 황족이나 고위 관리와 결혼한 사람도 많았나 봐요. 대표적인 사람이 기황후였어요. 기황후는 원나라 황제의 부인이 되었던 사람이에요. 많은 공녀가 원나라로 가지 않으려고 머리를 삭발하거나 스스로 목숨을 끊는 일이 많았는데 기황후는 원나라에 가게 된 이상 반드시 살아남아 높은 자리로 가겠다고 마음먹었대요. 여러 어려움을 이겨 내고 혜종의 비가 되어 권력을 차지하였어요.

한탐 선생님 말씀이, 기황후가 원나라에서 큰 힘을 가지자 고려에 있는 기황후 가족들이 고려를 마음대로 주무르기 시작했대요. 왕을 무시하고 왕보다 더 큰 권력을 휘둘렀대요. 고려인들은 그들을 싫어했어요. 기 씨 집안사람처럼 원나라 편이 된 사람들을 친원파라고 한대요. 고려를 차지한 친원파는 원나라의 세상이 계속 되기 만을 바랐을 거예요. 백성들 중에 원나라로 끌려간 사람들은 노비처럼 살 수밖에 없었어요. 원나라의 황실이나 귀족의 집에서 집안일을 돕거나 궂은일을 도맡아 하였어요. 그들은 고려로 돌아가고 싶었지만 원나라의 힘은 날로 강해졌어요.

공민왕의 못다 이룬 꿈

 몽골풍과 고려양

한탐 선생님께서는 원나라는 인류 역사상 가장 넓은 땅을 차지했던 나라라고 하셨어요. 동쪽 고려로부터 서쪽 유럽에 이르기까지 원나라의 힘이 미치지 않은 곳이 없었대요. 하지만 거대한 땅을 고루 다스리기에 몽골인의 숫자는 매우 부족했을 거예요. 그래서 원나라 사람들은 색목인을 이용했대요.

"색목인은 눈이 푸르거나 갈색인 사람을 얘기해요. 여러분이 벽란도에서 만난 적 있는 아라비아 사람들이지요."

맞아요. 우리는 고려까지 와서 장사를 하던 사람들이 생각났어요. 그 사람들 덕분에 고려가 KOREA로 세계에 널리 알려졌잖아요.

184

> 무서워! 공민왕의 혼령이 있는 것 같아.

"색목인은 오랜 세월 유럽과 중국, 인도를 연결하며 무역을 해 와서 어느 민족보다도 길을 잘 알고 장사를 잘했어요. 많은 나라 사람들과 만나다 보니 새로운 풍습을 빨리 익히기도 했지요. 원나라 사람들은 바로 색목인의 이런 재주를 높이 산 거예요."

"그럼 고려 사람들은 뛰어나지 않았나요?" 똑똑이가 한탐 선생님께 물었어요.

"그건 아니에요. 고려인들도 원나라 황실에서 높은 지위에 오른 사람이 많았어. 일단 고려왕부터가 원나라 황실의 사위였잖아요? 하지만 원나라 사람들이 고려에서 좋아한 것은 따로 있었어요."

한탐 선생님께서는 원나라 사람들은 고려인들의 문화와 음식, 풍습에 관심이 많았다고 하셨어요. 고려인들이 만든 떡과 두부❶가 맛있다며, 고려 요리가 원나라에서 인기가 있었대요. 고려의 춤과 노래❷를 좋아하는 사람도 많았고, 고려인들이 즐겨 입은 푸른빛의 옷

❶ ❷

공민왕의 못다 이룬 꿈 **185**

색깔❸도 크게 유행하였는데, 이처럼 원나라에서 유행한 고려의 풍습을 '고려양'이라고 설명해 주셨어요. 지금 한류 열풍처럼 말이에요.

반대로 몽골의 풍습을 따라 하는 몽골풍도 고려에서 유행하였지 뭐예요. 변발❹이나 몽골식 옷, 신부 뺨에 연지를 찍는 것, 족두리❺ 등이 바로 그것이래요. 음식 중에는 소주❻나 설렁탕 같은 고깃국이 몽골에서 전해진 것이었어요.

시치미, 수라상, 마마, 마누라 같은 말도 몽골말에서 전해졌고요, 장사치, 벼슬아치처럼 말끝에 '치' 글자를 붙이는 것도 몽골풍의 영향이래요. 생각보다 아직도 몽골의 풍습이 많이 남아 있는 것 같아 우리는 깜짝 놀랐어요.

❸ ❹ ❺ ❻

공민왕의 개혁, 첫 번째

한탐 선생님은 새로운 문화를 전해주고 받는 것은 서로에게 좋은 일이라고 하셨어요. 하지만 자기의 문화만을 최고라고 하거나, 힘을 앞세워 자기의 문화를 상대에게 강제로 주입하는 것은 잘못된 일이라고도 말씀하셨어요.

고려는 원나라와 사이가 나빴던 것은 아니지만, 당당한 나라가 되려면 몽골의 간섭에서 벗어나야 했을 거예요. 고려의 왕은 원나라의 눈치를 살펴야 했지만, 원나라에서 벗어나, 옛 고구려의 기상을 되찾는 고려가 되길 바라는 왕도 있었어요. 바로 공민왕이었어요. 원나라에서 어린 시절을 보냈지만, 다른 왕자들과는 달리 공민왕은 고려를 무척 사랑한 분이었대요.

그런 공민왕에게 기회가 왔어요. 중국인들이 몽골 사람들의 차별을 견디다 못해 남쪽 지방에서부터 반란이 일어난 것이었어요. 원나라는 군대를 보냈지만 화난 농민들을 막아내지 못했대요. 농민들은 붉은 띠를 두르고 원나라에 맞섰는데 그들을 홍건적이라고 해요. 홍건적의 힘이 점점 커지자 원나라는 그들과 싸우느라 예전처럼 고려를 간섭할 수 없었대요. 고려왕이 된 공민왕은 이 기회를 놓치지 않았어요.

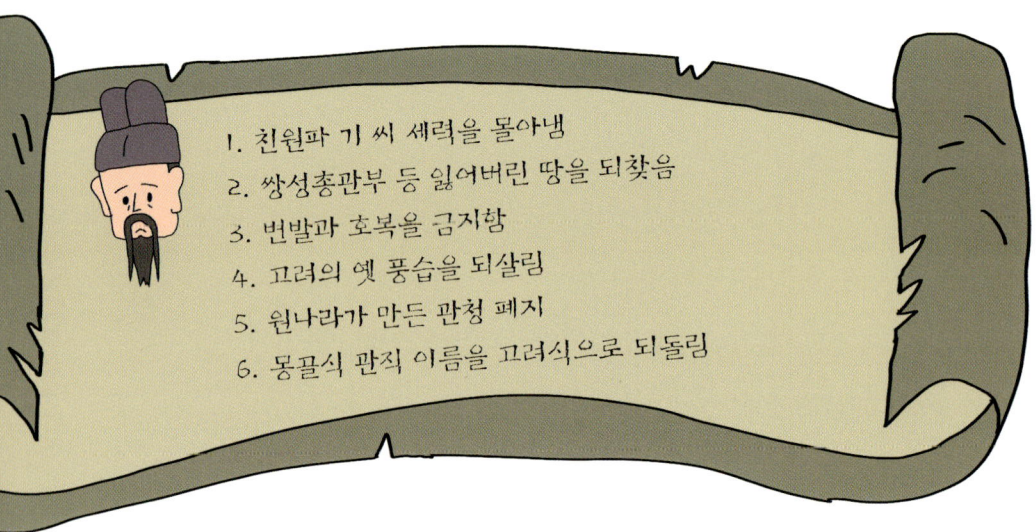

1. 친원파 기 씨 세력을 몰아냄
2. 쌍성총관부 등 잃어버린 땅을 되찾음
3. 변발과 호복을 금지함
4. 고려의 옛 풍습을 되살림
5. 원나라가 만든 관청 폐지
6. 몽골식 관직 이름을 고려식으로 되돌림

공민왕이 한 일은 정말 많았어요. 먼저 고려에 뿌리 깊이 들어 온 몽골의 풍습을 없애기로 한 것이에요.

 # 공민왕의 개혁, 두 번째

 원나라는 공민왕이 하는 일들을 두고만 볼 수 없었을 거예요. 한탐 선생님께서는 장난이 말처럼 정말 자객을 보내 공민왕을 시해하려 했다지 뭐예요. 친원 세력들이 자객을 도왔는지, 궁궐까지 들어오기도 했대요. 하지만 노국공주는 항상 자신의 몸으로 공민왕을 지켜주었대요. 노국공주는 원나라 공주였기 때문에, 자객도 어쩔 수가 없었던 것이겠죠? 그런데 공민왕은 무섭지 않았을까요? 목숨을 걸고 개혁 정치를 해야 했으니까요.

 "그랬을지도 모르겠어요. 하지만 공민왕은 멈추지 않았어요. 신돈이라는 스님을 신하로 삼아 백성들의 억울함을 해결해 주었어요. 친

● 권문세족
고려시대에 몽골과 친하게 지내며, 권력과 특혜를 누리던 사람을 말해요.

원 세력이었던 권문세족에게 빼앗겼던 땅을 되찾아 주고, 강제로 노비가 된 자들을 찾아 풀어 주었어요. 공민왕을 미워했던 원나라의 기황후는 고려를 치기 위해 군대를 보냈어요. 그러나 최영과 이성계 장군이 고려를 지켜냈어요. 공민왕은 최영과 이성계 장군을 아주 좋아했답니다. 원나라든, 홍건적이든, 여진족이든, 왜구든 이 두 장군만 있으면 막아 낼 수 있었거든요."

공민왕은 어느 정도 잘못된 일들이 바로 잡혀가자, 새로운 나랏일을 위해 인재들을 뽑았다고 한탐 선생님은 말씀하셨어요. 뽑힌 인재들은 성균관에서 학문을 연구하였는데, 그 전까지 성균관은 여러 가지 학문을 공부하는 기관이었지만, 공민왕은 유교 교육을 하는 곳으로 바꾸었대요. 이색, 정몽주, 정도전 같은 대학자들이 모인 성균관은 고려의 미래를 책임지는 곳이었던 거예요.

"하지만 공민왕의 개혁정치는 더는 이루어질 수 없었어요. 공민왕과 함께 새로운 고려를 만들기 위해 노력했던 노국공주가 아이를 낳다가 그만 돌아가셨거든요."

사랑하는 노국공주의 죽음

너무해요. 어떻게 그럴 수 있죠? 노국공주를 너무나 사랑했던 공민왕은 왕비의 죽음에 충격을 단단히 받았을 거예요. 한탐 선생님은 공민왕이 나랏일은 신돈 스님에게 모두 맡기고, 밤낮으로 노국공주의 초상화만을 바라보며 지냈다고 하셨어요.

공민왕의 못다 이룬 꿈

"고려를 바꾸려던 공민왕의 노력이 하루아침에 멈춰 버렸어요. 신하들은 공민왕을 설득했지만 소용없었지요. 아마 공민왕은 원나라 공주이면서도, 자신을 지켜주고 지지해 준 노국공주와 함께 훌륭한 고려를 만들고 싶었을지도 몰라요. 그런 부인이 아이를 낳다 죽었으니 모든 것이 싫어졌을 거예요. 지금껏 해온 일들이 물거품이라고 생각한 모양이지요."

그럼 공민왕은 어떻게 되었을까요? 우리가 한탐 선생님께 여쭈어 보자, 선생님은 설명을 이어갔어요.

"공민왕은 변하기 시작했어요. 죽은 노국공주를 위해 성대한 제사를 펼치고 명복을 빌기 위해 재물을 아낌없이 썼어요. 매일 술을 먹고 춤을 추고 잔치를 벌였고요. 공민왕을 존경했던 신하들은 하나둘 떠나가고 공민왕의 개혁을 반대했던 신하들은 다시 힘을 가지기 시작했지요. 최영과 이성계 장군이 공민왕을 돕고 싶었지만, 원나라와 왜구 때문에 전쟁터에서 빠져나오기 힘들었어요. 그러던 어느 날 공민왕은 부하에게 죽임을 당하고 말았답니다."

공민왕의 죽음으로 고려는 다시 혼란스러워졌대요. 백성들은 다시 권력자의 노비가 되고 논밭을 빼앗겼어요. 굶어 죽는 자가 늘어나도 이를 바로 잡으려는 사람이 없었어요. 성균관의 학자들이 모여 나랏일을 걱정했어요. 공민왕이 이루지 못한 개혁을 완성하자고 결심했어요. 그래서 조선왕의 사당인 신당에 모셔질 수 있었고요.

> 공민왕의 개혁에도 왜 고려는 힘을 점점 잃었어요?

선생님의 설명을 듣고, 신당 안에 있는 공민왕과 노국공주의 영정을 보니 더 슬퍼 보여요. 한탐 선생님은 고려의 마지막은 다음 시간에 알아보고, 오늘은 그만 박물관으로 돌아가자고 하셨어요. 그리고 박물관에서 공민왕의 개혁정치를 정리하고 집에 가도 좋다고 말씀하셨어요.

● 영정
제사나 장례를 지낼 때 위패 대신 쓰는, 사람의 얼굴을 그린 그림이에요.

공민왕의 개혁정치

	원간섭기	공민왕 개혁정치
 패션	 변발, 호복	 머리, 고려 관복
 영토	쌍성총관부, 동녕부, 탐라총관부 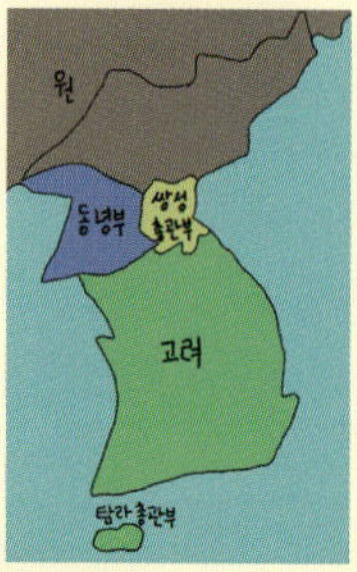	고려땅으로 수복 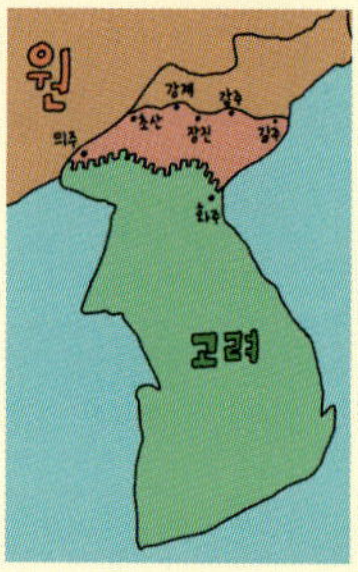
 백성의 삶	 관리들이 백성들 수탈	 억울하게 땅을 뺏긴 백성에게 돌려줌
 친원파	기철일가 횡포 	기철 일가 제거 

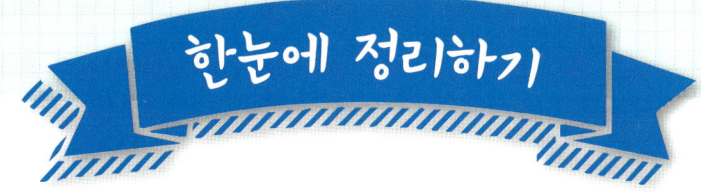

질문 하나,
고려의 전해진 몽골의 풍습이 아닌 게 있네요.
누가 엉뚱한 대답을 했나요?

 - 소주와 설렁탕 같은 음식이 유행했잖아요.

 - 변발이 크게 유행을 했어요.

 - 마마, 수라, 시치미, 마누라 같은 말이 전해졌어요.

 - 두부, 떡 같은 음식이 전해졌어요.

? ～～～～～～

질문 둘,
다음은 고려의 왕에 대한 설명이에요. 역사 탐방을 잘한 여러분은
어떤 왕인지 알고 있지요?

나는 원나라의 세력이 약해진 틈을 이용해,
원의 지배와 간섭에서 벗어나고 노력했단다.
몽골식 풍습을 버리고, 고려의 전통을 되살리려고
노력했지. 자, 나는 누구일까?

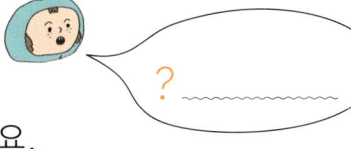

? ～～～～～～

질문 셋,
똑똑이가 공민왕의 개혁정치를 정리했네요.
마지막 빈 상자를 여러분 채워 줄래요?

1. 기철 등 친원 세력을 몰아 내었습니다.
2. 몽골 풍습을 버리고 고려의 전통을 되살렸습니다.
3.

● 정답은 222쪽에서 확인하세요!

고려 말 역사의 현장을 찾아 시간여행을 떠난다면?

1. 삼별초의 항쟁을 찾아서
● 전남 진도 용장산성과 제주 항파두리성

삼별초는 몽골에게 항복하지 않고 끝까지 저항했지.

강화도에서는 불리해지자, 진도로 옮겼고, 그 후 제주도로 옮겨 저항했지.

삼별초는 최 씨 무신정권이 원나라에 맞서기 위해 만든 군대입니다. 좌별초, 우별초, 신의군을 합해 삼별초라고 합니다. 고려가 원나라와 화해하고 개경으로 돌아가는 것을 끝까지 반대한 삼별초는 강화도에서 진도로 옮겨 용장산성을 쌓고 배중손 장군의 지휘 아래 원나라와 싸웠습니다. 하지만 진도를 빼앗기게 되자 김통정 장군은 남은 병사를 이끌고 제주도로 옮겼습니다. 원과 고려의 연합군에 항파두리성에서 최후의 결전을 벌였고 삼별초는 끝까지 저항하다 모두 전사하였습니다.

2. 다섯 번 스스로 떠오른 공민왕의 친필 현판
• 경북 안동 영호루

1361년 홍건적의 난으로 개경이 함락되었습니다. 공민왕은 노국공주와 함께 안동으로 피했습니다. 안동 사람들은 공민왕을 따뜻하게 맞이했습니다. 공민왕은 개경으로 돌아갈 날을 기다리며 낙동강에 위치한 영호루를 자주 찾아 군사 훈련을 지휘했습니다. 영호루 현판도 공민왕의 글씨라고 합니다. 홍건적의 난을 진압한 후 공민왕은 개경으로 돌아갔지만 안동 사람들은 공민왕을 그리워했습니다. 그 후 다섯 차례에 걸쳐 홍수로 영호루가 떠내려갔습니다. 그런데 신기하게도 영호루 현판만은 하회마을이 있는 풍산, 경북 구미, 경남 김해 등에서 발견되었습니다. 사람들은 공민왕이 안동을 떠나기 싫어 스스로 물 위에 떠올랐다고 생각한답니다.

> 고려의 전통을 살리고 개혁한 왕이어서 존경받나 봐.

3. 노인의 꿈에 나타난 공민왕
• 서울 마포구 공민왕 사당

> 훌륭한 왕은 죽어도 존경받는 법이지.

서울에는 종묘 외에 공민왕을 모신 곳이 한 군데 더 있습니다. 마포구 창전동 주택가 사이에 위치한 공민왕 사당이 바로 그곳입니다. 조선시대 초 한강 가에 곡식 보관 창고를 지으려 하는데 동네 노인의 꿈에 공민왕이 나타나 이곳에 사당을 짓고 자신을 위해 제사를 지낼 것을 부탁했다고 합니다. 그 후 동네 사람들이 사당을 짓고 제사를 올려 왔는데 6·25전쟁으로 파괴되었던 것을 다시 지어 보존해 오고 있습니다.

24 스물네 번째 여행
새로운 고려를 준비하는 사람들

고려의 멸망

✱ **한국사 탐험을 떠나기 전 미리 생각해 올 것!**

성리학은 무엇일까요?
고려말 성리학자들을 찾아보세요.
홍건적과 왜구의 침입을 물리친
고려의 장군들은 누구인가요?
정몽주의 단심가와 이방원의 하여가를
읽어보고 두 사람의 마음을
생각해 보세요.

✱ **준비물**

하여가와 단심가가 적힌 시조집,
필기구, 수첩

연표

- 1351년 공민왕 즉위
- 1375년 정몽주, 성균관 대사성에 오름
- 1384년 정도전, 이성계와 만남
- 1388년 이성계, 위화도 회군
- 1391년 과전법 실시
- 1392년 고려 멸망, 조선 건국

이제 고려 역사 여행은 끝인가?

또다른 새로운 역사가 시작되는 거지!

한탐 선생님의 선물

오늘은 고려시대의 마지막 역사 탐방 날이에요. 우리는 아침 일찍부터 박물관에 모였어요. 그런데 글쎄, 한탐 선생님이 지각하셨지 뭐예요. 선생님은 우리를 위해 작은 선물을 준비하시느라고, 그만 늦고 말았대요. 한탐 선생님은 가방 속에서 책 네 권을 꺼냈어요.

우와~ 이 책은 선생님이 직접 쓰신 거래요. 우리랑 고려 역사 탐방을 하는 동안 고려시대를 어린이 역사책을 쓰셨대요. 우리는 한탐 선생님께 사인을 부탁하였어요.

"이미 해 뒀지요. 지난번 개성에서 고려시대로 시간 탐험했을 때 선생님도 느끼는 게 많았어요. 그래서 여러분과 함께했던 일들을 바탕으로 역사책을 썼어요. 여러분 덕분이니 충분히 책을 받을 자격이 있어요."

우리는 완전 신났어요. 저자의 사인을 받은 책이잖아요. 학교 가면 자랑할 생각이에요. 그런데 마지막 탐방은 어디로 가는 걸까요? 엄마들은 오늘이 고려를 배우는 마지막 시간이라 특별히 멀리 간다고는 말씀하셨어요. 설마 지난번 갔던 강진보다 더 멀리 가는 건 아니겠죠? 그런데 한탐 선생님은 멀리 가기도 하지만, 오늘은 여러 곳에 다닐 거라고 하셨어요.

"가기 전에 지금까지 배운 것 테스트할 거예요. 얼른 차에 타요!"

아, 싫은데! 말은 싫다고 했지만, 사실 우리는 그동안 선생님의 질문이나 테스트에 모두 대답을 했어요. 똑똑이가 있으니깐, 괜찮아요.

자, 이제 고려 시대의 마지막 역사 탐방 출발입니다.

왜구를 물리쳐라

한탐 선생님은 길안내기에 '황산대첩비'라고 입력하셨어요. 전라북도 남원이라고 나왔어요.

남원은 가족여행으로 지리산 갈 때 잠을 잤던 곳이에요. 지리산은 아는데 황산은 처음 들었어요. 황산은 어디일까 궁금했지만 남원까지 네 시간! 우린 그냥 쿨쿨 잤어요. 책을 읽겠다던 똑똑이도 말이에요.

"다들 일어나세요~ 다 왔어요. 어떻게 한 번도 안 깰 수가 있어요?"

한탐 선생님이 모르시는 것 같은데 초등학생도 무지 바쁘다고요. 이럴 때 푹 자둬야 하는 거예요. 그런데 생각해 보니, 우리는 네 시간이나 잔 것 같지는 않았어요. 너무 빨리 남원에 도착한 느낌이었어요.

차에서 내려 보니 우리 키 세 배가 넘는 비석이 있었어요. 황산대첩비래요. 한탐 선생님은 이성계 장군과 관련 있는 유적지라고 하셨어요. 그런데 이성계 장군이 왜 여기까지 왔던 걸까요?

"지난 시간에 이야기한 것처럼 공민왕이 죽고 나서 고려는 다시

"설마 이거 하나 보러 왔어요?"

혼란스러워졌어. 왜구는 고려의 상황을 잘 알고 있었지요. 해안가 마을들은 왜구의 침입에 고통을 받았어요. 왜구는 서로 뭉쳐 그 숫자가 수천 명을 넘었고, 해적이라기보다는 군대와도 같았지요. 왜구는 육지로 들어와 마을들을 있는 대로 약탈하고 불질렀어요. 특히 왜구의 대장이었던 아지발도는 무척 용맹해서 고려의 장군들이 아지발도에 목숨을 잃었어요. 아지발도는 얼굴까지 투구로 가려서 그 얼굴을 본 사람도 없다고 했어요. 이때 아지발도를 막아선 장군이 바로 이성계였어요. 활을 잘 쏘는 이성계는 아지발도의 투구 꼭지를 맞추어 투구를 떨어뜨렸고 곧바로 이성계의 부하인 이지란이 활을 쏴 아지발도를 쓰러뜨렸어요. 적장을 쓰러뜨린 고려군은 왜구를 크게 무찌를 수 있었지요."

이 전투의 승리로 이성계는 백성들의 영웅이 되었대요. 그 후에도 이성계는 가는 곳마다 승리를 거두고 고려를 지켜 냈어요.

"자, 그럼 이번에는 나주로 가볼까요? 출발!"

으아, 나주는 또 어디에요?

● 황산대첩기념비
태조 이성계가 황산에서 왜구를 물리친 것을 기념하고자, 1577년(조선 선조)에 세운 비석이에요.

"무슨 비석이 이렇게 커?"

"이성계 장군에게 진 게, 기분 나빴나 봐."

"일제강점기 때, 일본인들이 파괴한 것을 다시 세웠대."

새로운 고려를 준비하는 사람들

새로운 세상을 꿈꾸는 정도전

한탐 선생님은 차에 시동을 걸며, 설명을 이어나가셨어요. 이성계 장군이 왜구를 물리치는 것을 지켜보며 기뻐하는 사람들이 또 있었대요. 성균관 박사였던 정도전이었죠. 무너져 가는 고려를 바로잡기 위해서는 중심에 설 인물이 필요했는데 이성계 장군이야말로 가장 알맞은 사람이라 생각했나 봐요. 정도전은 이성계를 설득하기로 했어요. 한탐 선생님은 아마 이렇게 설득했을 거라고 하셨어요.

"여전히 고려에는 돌아가신 공민왕의 개혁을 못마땅해하는 자들이 많습니다. 그들은 자신의 재산만을 지키며 백성들의 생활에는 관심이 없어요. 오히려 원나라와 다시 한편이 되려 하니 이를 두고 볼 수는 없습니다. 장군의 힘이 필요합니다. 우리와 함께 이 나라를 구하고 백성을 구합시다."

그런데 나주에는 왜 가는 걸까요? 나주는 정도전이 고려를 구하겠다는 마음을 먹게 된 장소래요. 정도전은 유학을 공부한 학자였는데, 많은 책을 읽으며 열심히 공부하였대요. 그리고 책에 나온 대로 관리는 백성을 위한 나랏

> 정도전의 말이 맞는 것 같아.

> 아, 그래서 이성계와 정도전이 한편이 되었구나.

204

일을 하고, 왕과 신하는 힘을 합해 나라를 이끌어 가야 한다고 생각했어요. 틀린 것은 아니었어요. 하지만 책만 본 정도전은 정작 백성들이 얼마만큼 어려운 삶을 살고 있는지 잘 알지 못했대요. 백성과 함께 어울려 살아보지 못했거든요. 그러다 바른말을 잘하던 정도전은 반대파의 미움을 받게 되어 유배를 떠나게 되었는데, 유배 왔던 곳이 바로 전남 나주라는 거예요. 선생님의 설명을 듣는 사이, 어느새 나주에 도착하였어요.

유배지는 정말 외딴 곳에 있었어요. 지금도 차가 간신히 들어갈 수 있는 곳이었어요. 정도전은 유배지에서 생활하면서 백성들의 생활이 정말 어떤 것인지 깨달을 수 있었대요. 책 속에서 배운 것만으로는 결코 백성들을 편히 살 수 있게 할 수 없다는 것을 알았지요.

지금 필요한 것은 고려를 바꾸는 것이 아니라고 생각했어요. 고려를 버리고 새롭게 다시 시작해야 좋은 세상을 만들 수 있다고 여겼던 거예요. 그래서 그 꿈을 이루기 위해 이성계를 찾아간 것이었대요.

새로운 고려를 준비하는 사람들 **205**

바람에 날린 정몽주의 장례 깃발

"자 이번에는 정몽주를 만나러 가 볼까요?"

정도전의 친구기도 했던 정몽주는 고려 제일의 유학자였었다고 한탐 선생님은 말씀하셨어요. 어린 시절 함께 공부한 둘도 없는 친구였어요. 둘은 함께 고려의 잘못된 점을 고치고 싶었어요. 하지만 유배지에서 백성의 진짜 생활을 본 정도전은 생각이 달라졌죠. 고려를 무너뜨리고, 새 왕조가 필요하다고 주장하였어요. 정몽주는 정도전의 생각은 너무 위험하고 잘못되었다고 했어요. 고려 사람으로 태어났으니 미우나 고우나 고려를 위해야 된다고 생각했어요. 선생님은 두 사람의 생각에 대해 우리에게 의견을 물으셨어요.

● 정몽주 묘

공민왕 때 과거에 장원급제 하고 여러 벼슬을 지냈어요. 유학을 자주 장려하는 등 교육에 힘쓰고, 왜구를 막는 외교활동을 펼쳤으나, 이성계가 왕으로 추대되는 걸 반대해 결국 개성 선죽교에서 목숨을 잃었어요.

"내리세요~ 여긴 정몽주 선생님의 묘가 있는 곳이에요."

정몽주 선생님의 묘는 경기도 용인에 있었어요. 그런데 어떻게 된 일이지요? 지도를 보면, 나주와 용인은 꽤 멀리 있는데, 우리는 한탐 선생님과 이야기 하는 사이에, 용인에 도착하였어요. 선생님과의 이야기가 너무 재미있어서, 짧게 느껴진 걸까요? 아니면 선생님께서 무슨 시간의 마법이라도 부리신 걸까요?

새로운 고려를 준비하는 사람들

정몽주는 부인과 함께 묻혀 있대요. 이 무덤에는 재미있는 전설이 있었어요. 원래 정몽주 선생님의 무덤은 개경 남쪽에 있었어요. 이후 고향인 경북 영천으로 옮기게 되었는데 장례 행렬이 용인을 지날 때 갑자기 큰바람이 불었대요. 그때 정몽주 선생님의 이름을 쓴 깃발이 바람에 날려가 지금 무덤 자리에 떨어졌대요. 가족들은 고민하다가 이것은 선생님의 뜻이라 여겨 이곳에 무덤을 만들게 된 것이래요. 한탐 선생님은 정몽주의 무덤 앞에서 이야기를 계속하셨어요.

"정몽주는 나라에 충성하는 것이 유학자의 참된 도리라 여겼어요. 비록 고려가 망한다 하더라도 끝까지 도리를 지켜야 한다고 말이에요. 고려의 관리들이 모두 정몽주 같았다면 고려가 망했을 리 없었겠죠? 백성들이 힘들어했을 리도 없고 말이죠."

맞아요. 우리는 모두 고개를 끄덕였어요.

 # 빗속에 군대를 돌린 이성계

정몽주는 뛰어난 학식으로 성균관 대사성을 지냈대요. 외교 능력도 대단해서 명나라와 일본 사신으로 다녀오면서 큰 공을 세운 학자였어요. 특히 일본을 다녀올 때는 수백 명의 포로를 구해 오기도 했다지 뭐예요.

"사실 정몽주를 명나라와 일본에 보낸 사람들은 정몽주를 싫어하는 친원 세력들이었어요. 그들은 정몽주가 실패하길 바랐지만, 오히려 외교에 큰 성과를 내자 더더욱 미워하기 시작했어요. 정몽주 역시 친원 세력들이 계속 고려 조정에 남아 있는 한 고려는 바뀔 수

없다고 생각했어요. 그래서 이성계와 같은 장군의 힘이 필요했던 거예요."

 이성계가 정도전, 정몽주와 힘을 합하자 친원 세력은 긴장했다고 한탐 선생님은 설명해 주셨어요. 어떡하든 이성계를 조정에서 몰아내야 한다고 여겼을 거예요. 제일 좋은 방법은 이성계가 전쟁터에서 싸우다가 전사하는 것이었을지도 몰라요. 하지만 고려 최고의 장군

이 전쟁터에서 목숨을 잃을 리 없었겠죠? 오히려 가는 곳마다 승리를 거두니 이성계의 명성은 높아져만 갔어요.

"친원 세력은 마지막 방법을 썼어요. 이성계를 요동으로 보내 명나라와 싸우게 하는 것이었어요. 요동은 옛 고구려의 땅인데 발해가 망한 후 수백 년간 거란과 여진, 몽골이 차지하고 있었어요. 그런데 원나라가 명나라와 싸우느라 요동이 비게 되자, 고려에게는 절호의 기회가 된 것이죠. 이성계와 정도전, 정몽주는 요동정벌을 반대했어요. 속셈을 뻔히 알고 있었던 거예요. 요동을 잠시 차지할 수 있을지는 모르지만 중국의 새로운 주인이 된 명나라와 계속 싸운다는 것은 고려의 힘으로는 불가능한 일이었으니까요. 결국 요동 정벌을 떠난 장수가 책임을 질 수밖에 없는 것이거든요."

왕의 명령으로 이성계는 어쩔 수 없이 고려군을 이끌고 요동으로 출전했대요. 이성계는 끝까지 반대했지만, 왕의 명령을 어길 수는 없었겠죠. 요동정벌에 나선 이성계는 가는 내내 고민에 빠졌대요. 병사들도 가기 싫어했고요. 압록강 중간에 있는 위화도에서 이성계의 군대를 멈추었어요. 이제 강을 넘으면 전쟁이고, 군대를 되돌리면 고려에 대한 반역이었어요. 병사들은 이성계 장군의 결정만을 기다렸어요. 이성계는 결국 결심했어요! 위화도에서 군대를 되돌려 개경을 향하기로요. 병사들은 환호성을 질렀어요.

새로운 고려를 준비하는 사람들

이런들 어떠하리, 저런들 어떠하리?

위화도 회군으로 돌아온 이성계는 친원파들을 처단했어요. 요동 정벌을 명령한 우왕은 쫓겨났구요. 정몽주, 정도전과 성균관 학사들은 기대에 부풀었어요. 또한 이성계는 친원 세력의 땅을 빼앗아 주인에게 돌려주었고, 세금 제도를 고쳐 백성들에게 도움을 주었어요.

"정도전은 이 기회에 고려를 대신할 새로운 나라를 만들기를 원했어요. 새 나라의 왕은 이성계가 되어야 한다고 생각했어요. 이성계는 망설였어요. 평생 고려를 지키기 위해 살아왔는데 스스로 고려를 무너뜨리고 새 나라의 왕이 된다는 것은 쉽게 결정할 수 있는 일이 아니었거든요. 이성계의 다섯째 아들 이방원도 정도전과 같은 생각이었어요. 이방원도 아버지를 설득했어요. 이 사실을 안 정몽주는 펄펄 뛰며 반대했어요. 결국 어떻게 되었을까요? 그건 다음 장소로 이동하면서 얘기해 줄게요. 마지막으로 가는 곳은 고려의 역사를 정리해 볼 수 있는 국립중앙박물관이에요."

우리는 다시 차에 올라탔어요. 선생님은 가는 길에 시조 2수를 가르쳐 주셨어요.

　이성계는 결국 정도전의 뜻을 따르기로 했대요. 이성계와 정도전은 어떡하든 정몽주를 설득하려 했지만 번번이 실패했어요. 그래도 두 사람은 포기하지 않았어요. 능력 있고 많은 사람들이 따르는 정몽주는 꼭 필요한 인물이었거든요. 그러나 이성계의 아들인 이방원은 달랐어요. 시간을 끌면 안 되는 일이라 여겼거든요. 이방원은 마지막으로 정몽주를 만났어요. 이방원은 하여가라는 시조를 읊으며 같은 편이 되어 주길 부탁했어요. 정몽주는 단심가라는 시조로 대답했지요. 결코 고려를 버릴 수 없다는 뜻을 이야기한 것이었어요.

　집으로 돌아가던 정몽주는 이방원이 보낸 사람들에 의해 선죽교에서 목숨을 잃었어요.

 인쇄술의 나라 고려

"정몽주가 죽고 나자 더는 새로운 나라를 세우는 데 앞장서 반대하는 사람은 없었어요. 고려의 역사는 이렇게 막을 내렸어요."

저녁이 다 되어 용산 국립중앙박물관에 도착했어요. 탐방 동안 우리가 제일 많이 가는 곳이 바로 이곳 국립중앙박물관이에요. 선생님과 우리는 고려실로 들어갔어요.

"고려 전기가 화려한 청자와 불교 문화재를 만들어 냈다면 고려 후기는 인쇄술의 시대라 할 수 있어요. 앞서 살펴본 팔만대장경은 고려의 뛰어난 목판 인쇄술을 보여주는 문화유산이기도 해요."

"고려시대는 금속활자가 더 유명한 것 아닌가요?"

"그렇죠. 세계최초의 금속활자 책이 바로 고려에서 만들어진 것이니까요."

214

● 복활자

● 직지심체요절
1377년 청주에 있는 흥덕사에서 금속활자로 찍어낸 책이에요. 상·하권으로 구성되었는데, 지금은 하권만 발견되어 프랑스 국립도서관에 소장되어 있어요. 이 책으로 우리는 세계에서 가장 먼저 금속활자로 책을 만든 나라로 인정받고 있지요.

우린 이미 개성역사박물관에서 진짜 금속활자를 본 적이 있어요.
국립중앙박물관에도 진짜 금속활자가 한 개 있었어요. '복'활자라고도 해요. 고려 말에는 금속활자뿐 아니라 화포도 처음 개발되었대요. 최무선이 만든 화포는 왜구를 쫓아내는 데 큰 힘이 되었어요. 문익점은 목화재배에 성공해 따뜻한 솜옷을 입을 수 있게 되었어요.
"하지만 고려 말에 나온 금속활자나 화포, 솜옷은 새로운 나라 조선에서 더 크게 발전했어요. 그러고 보면 역사는 계속 이어진다는 것을 알 수 있지요. 이제 고려시대 역사탐방도 마무리할 시간이에요. 어린이 박물관에 가서 엄마들에게 여러분의 실력을 보여 드릴까요?"

새로운 고려를 준비하는 사람들

'위화도 회군'을 주제로 역사토론 하기

소주제	찬성 – 투덜이, 똑똑이	반대 – 장난이, 상상이
전쟁의 명분은 충분한가?	• 고구려 영역이었던 요동을 되찾는 일임. • 고려는 고구려의 계승자	• 이미 500여 년 간 중국의 영토 • 작은 나라 고려가 큰 나라 명을 공격하는 것은 도리에 어긋남
승리 할 가능성은 있었는가?	• 명과 원이 싸움은 길어질 것임. 그 바람에 요동이 비어 있음 • 이성계는 패배를 모르는 장군	• 명나라가 원나라에 승리한 것과 다름없는 상태. 곧 명나라가 요동에 군대를 보낼 것임 • 이성계도 나라 밖에서는 싸워본 적 없음
위화도 회군 정당한가?	• 고려의 배신자, 왕의 명령을 어김.	• 옳은 선택. 전쟁의 위험으로부터 백성을 구함

어쩜 우리 사총사가 저렇게 아는 게 많대요?

또박또박 말하는 모습이 감동적이네요.

정말 자랑스러운 모습이네요.

한국사를 진짜 재미있어 하는 것 같아요.

 질문 하나,
정도전과 정몽주의 생각은 달랐어요. 두 사람의 생각을
옳게 연결해 볼래요?

   ㄱ 고려의 잘못된 점을 고치면 백성이 편안해질 것

   ㄴ 새로운 나라를 만드는 것이 백성을 위하는 길

 질문 둘,
다음은 고려가 멸망하고, 조선이 세워지는 과정에 관한 내용인데요, 빈칸을 채워 주세요.

이성계가 (　　　　)을 위해 군사를 이끌고 출발했지만, 압록강 가운데 있는 (　　　　)에서 군대를 돌렸습니다.

이방원은 (　　　　)로 새로운 나라를 함께 세울 것을 권했지만 정몽주는 끝까지 고려의 충신으로 남겠다는 뜻을 담아 (　　　　)로 답했습니다.

집으로 돌아가던 정몽주는 (　　　　)에서 이방원이 보낸 사람들에 의해 죽임을 당했습니다.

 질문 셋,
상상이가 설명하고 있는 문화유산이 무엇인지 알고 있나요?

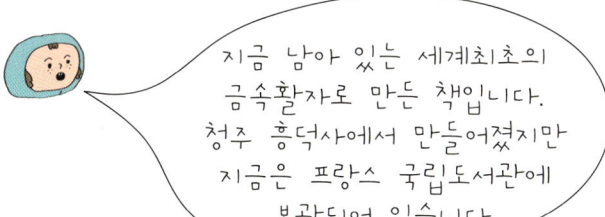

? ＿＿＿＿＿＿＿＿

• 정답은 222쪽에서 확인하세요!

고려 멸망과 관련된 현장으로 시간여행을 떠난다면?

조선을 세우고 한양을 설계한 정도전을 만날 수 있지.

1. 새로운 나라를 꿈 꾼 정도전
● 경기도 평택 삼봉기념관

평택 진위면 은산리는 정도전의 후손들이 모여 사는 곳입니다. 후손들은 사당을 지어 오래도록 조상을 기려 왔습니다. 이곳에 정도전의 호 삼봉을 본 따 만든 삼봉기념관이 있습니다. 삼봉기념관에는 『불씨잡변』을 비롯해 평소에 남긴 글과 시 등을 모아 두었습니다.

정말 말의 귀를 닮았어.

2. 말 귀를 닮은 봉우리
● 전북 진안 마이산

마이산은 말 그대로 말의 귀를 닮은 산입니다. 보는 사람마다 감탄하는 특이한 모양의 산이기도 하지요. 금척산이라고도 하는데, 이성계가 왕이 된다는 전설이 내려옵니다. 이성계가 왜구를 물리치고 올라오는 도중 꿈을 꾸었습니다. 특이한 모양의 산에 다다랐을 때 산신이 나타나 금척(금으로 만든 자)을 주며 장차 왕이 될 것이라 예언하고 사라졌습니다. 꿈에서 깬 이성계는 이를 이상하게 여겼는데 마침 마이산을 보자 꿈에서 본 산이 바로 마이산이라 했습니다. 이후로 마이산은 금척산으로도 불렸습니다.

3. 세계기록유산 직지심체요절의 고향

● 충북 청주 고인쇄박물관

우리나라의 세계적인 인쇄 기술을 눈여겨봐.

직지심체요절은 백운화상스님이 제자들을 가르치려고 만든 글 모음집이야.

프랑스 외교관이었던 콜랭드 플랑시는 조선에서 근무하던 중 우연히 직지심체요절이라는 책을 샀습니다. 플랑시는 오래된 책을 모으고 조사하는 취미가 있어 일찍부터 많은 책을 구입했는데 직지심체요절도 그중 하나였습니다. 상·하권으로 이루어진 책이었는데, 상권은 구하지 못하고 하권만 있었습니다. 하권에는 만들어진 날짜가 있었는데 1377년에 청주 흥덕사에서 만들어진 책이었습니다. 그 후 플랑시는 이 책을 다른 책들과 함께 팔았는데 책의 가치를 잘 몰랐던 사람들이 프랑스국립도서관에 기증했습니다. 수십 년 간 창고에 들어 있는 직지심체요절을 세상에 처음 알린 사람은 프랑스에 유학 중이던 박병선 박사였습니다. 도서 박람회를 통해 직지심체요절은 세계최초의 금속활자 책으로 인정받았습니다. 비록 현재의 직지심체요절은 프랑스국립도서관에 있지만 직지가 태어난 청주시는 고인쇄박물관을 만들어 직지의 탄생을 기념하고 있습니다.

나오며

　새로운 세상을 연 고려 태조 왕건, 화려한 국제무역항 벽란도, 하늘빛 닮은 도자기와 고려의 정성이 담긴 대장경, 고려 제일의 축제 팔관회와 연등회…. 천 년 전 고려시대로 떠난 역사 여행은 어땠나요? '코리아'라는 이름을 세계에 알릴 만큼 활기찬 고려의 모습이 여러분 눈앞에 그려졌나요? 선생님도 진짜 시간여행을 다녀온 기분이랍니다. 오백 년 고려의 중심지 개경은 지금 우리가 쉽게 갈 수 없는 곳이 되었지만 고려의 역사가 여전히 곳곳에 숨 쉬고 있지요.

　역사는 지나간 시간의 이야기가 아니에요. 지금도 곰곰이 생각해 볼 거리를 전해 줍니다. 몽골의 간섭에서 벗어나 새로운 고려를 만들고 영광을 찾고 싶었던 공민왕의 꿈을 생각하면 때로 마음이 아프기도 합니다. 그러나 새로운 시대를 꿈꾸는 사람들의 이야기는 끝나지 않았죠. 공민왕의 실패가 있어서 더 멋진 세상을 만들려는 사람들이 나타났던 것을 보면요. 고려의 이야기는 이제 조선의 이야기로 이어질 것입니다. 두 눈 크게 뜨고 역사의 시간을 계속 달려보길 바라요.

한탐 선생님의 쪽지!

만나면 헤어짐이 있고 헤어지면 다시 만난다는 말이 있어요. 조선시대 여행을 떠난다고 고려의 역사가 사라지는 것은 아니지요. 항상 고려시대보다 발전한 조선이 무엇인지, 조선이 놓쳐버린 고려의 소중한 이야기가 무엇인지 깊이 생각해보길 바라요.

정 답

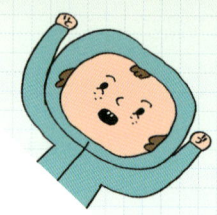

열일곱 번째 여행

질문 하나
- 견훤, 궁예, 왕건
- 완산주, 송악 ⇨ 철원, 송악

질문 둘
장난이

질문 셋
광종, 성종

열여덟 번째 여행

질문 하나
① 거란 ② 여진 ③ 송

질문 둘
투덜이

열아홉 번째 여행

질문 하나
선종 – ㄴ, 교종 – ㄱ

질문 둘
팔관회, 연등회

질문 셋
의천스님

질문 넷
상상이

스무 번째 여행

질문 하나
청자, 상감청자, 강진, 비색, 완도선

질문 둘
상상이

질문 셋
④ 가마

질문 넷
② ⇨ ① ⇨ ⑤ ⇨ ③ ⇨ ⑥ ⇨ ④

스물한 번째 여행

질문 하나
문벌귀족, 무신정변, 이의민, 만적

질문 둘
몽골 또는 원나라

질문 셋
X, O, O, O

스물두 번째 여행

질문 하나
팔만대장경

질문 둘
장난이

질문 셋
삼국유사

스물세 번째 여행

질문 하나
장난이

질문 둘
공민왕

질문 셋
몽골에게서 빼앗긴 땅을 되찾았습니다.

스물네 번째 여행

질문 하나
똑똑이 – ㄴ, 상상이 – ㄱ

질문 둘
요동정벌, 위화도
하여가, 단심가
선죽교

질문 셋
직지심체요절

사진출처

P27 개성 만월대 발굴, 문화재청
P34 장양수 홍패, 문화재청
P40 궁예도성, 철원군청
P41 개태사지, 문화재청
　　 숭선사지당간지주, 문화재청
P48 선화봉사고려도경, 위키백과
P58 척경입비도, 위키백과
P60 프랑스에서 만든 세계지도, 위키백과
P68 국립중앙박물관 고려실, 국립중앙박물관
P69 낙성대, 문화재청
　　 윤관 장군 묘, 문화재청
P74 대각국사의천진영, 문화재청
P82, P97 초조대장경 인쇄본, 문화재청
P86 통도사 석장생표, 문화재청
P96 통도사 장생표, 문화재청
P96 승가사 석조승가대사좌상, 위키백과
P97 청계천 등불축제, 서울빛초롱축제
　　 진주 유등축제, 진주남강유등축제
P101 청자 모자원숭이모양 연적, 문화재청
　　 청자 오리모양 연적, 문화재청
P103 강진청자박물관 전경, 문화재청
P105 청자 가마터, 문화재청
P107, P120 청자 순화4년(993)명 항아리, 문화재청
P113 청자 음각 넝쿨무늬대접, 국립중앙박물관
P113, P120 청자 상감운학문매병, 국립중앙박물관
P118 완도선, 국립해양문화재연구소
P120 순청자 다완, e뮤지엄
　　 청자 표주박모양 주전자, 문화재청
P122 부안청자박물관, 부안청자박물관
P123 국립중앙박물관 공예관, 국립중앙박물관
　　 호림박물관, 호림박물관
P138 강화 고려궁터, 저자촬영
P143 강화역사박물관, 강화역사박물관
P148 원인재 전경, 문화재청
P149 고려궁터, 문화재청
　　 명학소 민중 봉기 기념탑, 인정신
P152 강화도 선원사지, 문화재청
P160 해인사 장경판전, 문화재청
P160 대장경판, 문화재청

P164 삼국유사, 문화재청
P168 이규보 묘, 문화재청
P171 삼국유사, 문화재청
P172 합천 해인사 전경, 문화재청
P173 인각사 보각국사 탑 및 비, 문화재청
P173 이규보 묘, 문화재청
P178 종묘 공민왕 신당, 저자 촬영
P196 용장산성, 문화재청
P197 안동 영호루, 안동시청
　　 공민왕 사당, 문화재청
P203 황산대첩기념비, 문화재청
P207 정몽주 묘, 문화재청
P215 복활자, 청주고인쇄박물관
　　 직지심체요절, 문화재청
P218 평택 삼봉기념관, 굿모닝경기
　　 마이산, 위키백과
P219 청주고인쇄박물관, 청주고인쇄박물관

아빠, 한국사여행 떠나요! 3

초판 1쇄 펴낸 날 2017년 1월 13일

지은이 김원미, 김명선, 이기범, 김민아 | **그린이** 나인완 | **펴낸이** 홍정우 | **펴낸곳** 코알라스토어
책임편집 남슬기 | **디자인** 김한기 | **마케팅** 한대혁, 정다운
주소 (121-894) 서울특별시 마포구 양화로7안길 31(서교동, 1층)
전화 (02)3275-2915~7 | **팩스** (02)3275-2918 | **이메일** garam815@chol.com
등록 2007년 11월 30일(제313-2007-000238호)

ISBN 978-89-94194-98-1 (74900)
ISBN 978-89-94194-81-3 (세트)
ⓒ 코알라스토어, 김원미, 김명선, 이기범, 김민아, 2016

이 도서의 국립중앙도서관 출판예정도서목록(CIP)은 서지정보유통지원시스템 홈페이지(http://seoji.nl.go.kr)와
국가자료공동목록시스템(http://www.nl.go.kr/kolisnet)에서 이용하실 수 있습니다.(CIP제어번호: CIP2016030749)

이 책은 저작권법에 따라 보호받는 저작물이므로 무단전재와 무단복제를 금합니다.
이 책 내용의 전부 또는 일부를 이용하려면 반드시 저작권자와 코알라스토어의 서면 동의를 받아야 합니다.

***코알라스토어**는 브레인스토어의 유아·아동 브랜드입니다.